Inhaltsverzeichnis

	Seite
Vorwort des Verfassers	9
A. Das Tao-Te-King	11
1. Ehrfurcht vor dem Geheimnis des Unergründlichen	13
2. Das Offenbarwerden des Wesentlichen im Gegensatz	13
3. Nichtwirken — Grundsatz aller Menschenführung	14
4. Die Unerkennbarkeit des Weltenurgrundes	15
5. Schöpferisches Unbekümmertsein	15
6. Das Aus-sich-selbst-quellen alles Lebendigen	16
7. Selbstlosigkeit — das Tor der Unvergänglichkeit	16
8. Sich fügen — das Geheimnis echten Lebens	16
9. Vom Tun des Notwendigen	17
10. Der Weg zur Lebenstiefe	17
11. Die Wirksamkeit des Unsichtbaren im Sichtbaren	18
12. Das Sinnliche — ein Weg zum Sinn	18
13. Sittliche Unabhängigkeit — Voraussetzung alles ordnenden Wirkens	19
14. Innerer Gehorsam erwirkt letzte Erkenntnisse	20
15. Ursprünglichkeit — das Geheimnis im Leben der alten Meister	21
16. Die Erfüllung der ewigen Ordnungen	22
17. Die Unauffälligkeit guter Staatsführung	23
18. Mangelnde Ursprünglichkeit wirkt auflösend	23
19. Echtheit des Wesens — Voraussetzung vollkommener Sittlichkeit	24
20. Die Unbekümmertheit des Weisen um das Urteil der Masse	24
21. Vom Vertrauen in die wirkenden Innenkräfte	26
22. Vom Gesetz des inneren Ausgleichs	26
23. Lebensmeisterung durch stilles Sicheinfügen	27
24. Natürlichkeit — Voraussetzung echten Lebens	29
25. Die Urkraft des Werdens	29
26. Meisterung des Lebens durch stille Würde	30

27. Wirkliches Können wirkt echte Bildung 31
28. Herzenseinfalt — die weltordnende Kraft 32
29. Machtpolitik zerstört — Verzicht auf Gewalt baut auf . 33
30. Gewaltlosigkeit — Voraussetzung jeder Friedenspolitik 33
31. Von der Verachtung äusserer Machtmittel 34
32. Von der Unscheinbarkeit des Unbegreiflichen im Begreiflichen 35
33. Echtes Gebildetsein überwindet den Tod 36
34. Wahre Grösse offenbart sich im Dienen 36
35. Unerschöpfliche Fülle wird nur durch Hingabe . . . 37
36. Vom Wartenkönnen bis zur Reife 37
37. Wunschlosigkeit und Frieden wirken der Welt Vollkommenheit 38
38. Hohe und niedere Formen sittlichen Wirkens . . . 39
39. Das Einfach-Eine Wurzel aller Vielgestaltigkeit im Sein 40
40. Der Kreislauf des Werdens 42
41. Das Erfülltsein alles Seienden vom Unergründlichen . 42
42. Die Selbstentfaltung des Seins 44
43. Von der Wirksamkeit des Unscheinbaren 44
44. Selbstbegrenzung wirkt Beständigkeit 45
45. Vom Zielwillen des Lebens und vom Richtmass der Welt 45
46. Genügsamkeit erhält den Frieden 46
47. Der Weg zur Menschen- und Welterkenntnis . . . 46
48. Nichtwirkenwollen fördert die Gemeinschaft . . . 47
49. Vom Leben im Herzen der Welt 47
50. Erkenntnis der Lebensgesetze gibt Furchtlosigkeit . . 48
51. Die Wirkungskraft innerlich kraftvollen Lebens . . . 49
52. Von der Kraft schweigenden Lebens 49
53. Echte Bildung kennt kein eigensüchtiges Wirken . ". 50
54. Das Ordnungsgefüge der Lebensgemeinschaften . . 51
55. Das Kind — Vorbild der Selbstordnung des Lebens . 52
56. Die stillordnende Kraft des Weisen 53
57. Nichtwirkenwollen — Grundgesetz jeder Staatsführung 53
58. Das Geheimnis gegensätzlichen Werdens 54
59. Staatssicherung durch geordnetes Planen 55
60. Sorgfalt und Lebensgehorsam in der Staatsführung . 56
61. Gegenseitige Hilfsbereitschaft der Staaten 56
62. Wiedereinfügung der aus der Gemeinschaft Gelösten . 57
63. Aufgabenmeisterung durch rechtzeitiges Erkennen der Schwierigkeiten 58

64. Lebensmeisterung durch Beachten der Lebensgesetze . 59
65. Der Segen der Herzensbildung und die Gefährlichkeit der Scheinbildung 60
66. Nichtwollen — Voraussetzung wahren Herrschertums . 61
67. Die Wirksamkeit der sittlichen Grundwerte für die Gemeinschaft 62
68. Herzgewirktes Tun wirkt Frieden 63
69. Siege durch kluges Sichbescheiden 63
70. Geringe Zahl der Berufenen 64
71. Freiheit vom Bildungswahn 64
72. Die Wechselwirkung alles Geschehens 65
73. Höchste Sittlichkeit — Wegweiser bei jedem Zweifel . 65
74. Vom Gericht über Leben und Tod 66
75. Die Ursachen politischer Unruhen 66
76. Die Wirkungskraft des Lebendigen 67
77. Selbstloses Tun schafft echten Ausgleich . . . 67
78. Die Grösse sittlich-religiöser Tragkraft 68
79. Lebensgehorsam zeigt sich in Pflichterfüllung . . 69
80. Vom Eigenrecht des kleinsten Staates 69
81. Alles Wesentliche vollendet sich im Alltag . . . 70

B. Einführung in Lao-Tses Tao-Te-King 71

I. Lao-Tse und seine Zeit 73
  1. Die geschichtliche Situation 73
  2. Lao-Tses Leben 74
  3. Die Legende 76
  4. Das geistig-religiöse Erbe 76
II. Das Tao-Te-King 80
  1. Entstehung 80
  2. Aufbau 81

Anhang: Der Aufbau des Tao-Te-King   85

III. Das Wesen des Tao 89
  1. Tao im chinesischen Geistesleben 89
  2. Der Begriff des Tao 90
  3. Von der anschaulichen Erkenntnis 94
  4. Der Tao-Begriff bei Lao-Tse 97
IV. Das Wesen des Te 103
  1. Der Begriff des Te 103

2. Te als die zentrale Führungskraft in der menschlichen Seele 106
  3. Te als die zentrale Führungskraft in der Menschheit und in den menschlichen Bereichen . . . 110
     a) Te als überindividuelle seelische Führungskraft . 110
     b) Das Te in der Familie 114
     c) Das Te in der Gemeinde 115
     d) Das Te im Volk 116
     e) Das Te in der Menschheit 117

V. Von der Weltordnung 121
  1. Vom Wesen des Seins 121
  2. Von der Einheit des Seins 127
  3. Von der Polarität im Sein und der Selbstordnung des Lebens 133
     a) Die durchgängige Geltung des Polaritätsgesetzes 133
     b) Das Gesetz des Ausgleichs 135
     c) Die Dynamik der Kräfte 137
     d) Das Gesetz von der Selbstordnung des Lebens . 140
     e) Die kosmische Aufgabe des Menschen . . . 143
  4. Zusammenfassung der Metaphysik Lao-Tses . . . 145

VI. Geistige Grunderkenntnisse 147
  1. Die Lehre vom Nichtwissen 147
  2. Die Lehre vom Nichtwollen 154
  3. Die Lehre vom Nichtwirken 156
  4. Die Lehre von der Gewaltlosigkeit 158
  5. Wege zur inneren Einheit 162
     a) Die Einheit und Einigungskraft der Seele . . 162
     b) Der Weg zur Ursprünglichkeit 166
     c) Der Weg zur Lebenssicherheit 171

VII. Sittliche Grunderkenntnisse 177
  1. Tao als Ausgangs- und Zielpunkt der Ethik . . . 177
  2. Das Leben aus dem Tao und dem Te 178
  3. Sittlichkeit und Moral 181
  4. Die Liebesmoral 183
  5. Die Rechtsmoral 186
  6. Die öffentliche Moral 188
  7. Die Tugenden echten Lebens 190

    8. Die sittliche Tragkraft 191
    9. Vom Reich des Guten und vom offenen Leben . 193
  10. Das Vorbild des Herrschers 195

VIII. Grunderkenntnisse der Menschenführung 199

    1. Das Vertrauen in die Selbstordnung des Lebens . 199
    2. Das Wissen um das Resonanzgesetz 204
    3. Das Wartenkönnen bis zur Reife 207
    4. Das Tun des Notwendigen aus innerem Gehorsam . 210
    5. Der Weg in die Furchtlosigkeit und Freiheit . . 213

IX. Lao-Tse und sein Werk 219

Vorwort des Verfassers

Es mag fast ein halbes Hundert deutsche Fassungen des Tao-Te-King von Lao-Tse geben. Nur wenige davon beruhen auf Uebersetzungen aus dem Chinesischen; die meisten stellen mehr oder weniger persönlich geprägte Nachdichtungen auf Grund der Uebersetzungen dar.

Die Philologen sind über die Vielzahl der Nachdichtungen entsetzt. Sie selbst wagen es als Sinologen kaum, eine Uebersetzung anzufertigen; denn wohl bei keinem Text der religiösen Weltliteratur macht eine Uebersetzung und eine gute, sinnerschliessende Uebertragung ins Deutsche so viele Schwierigkeiten: Es steht kein Urtext zur Verfügung. Inwieweit die vorhandenen frühesten Fassungen mit Lao-Tses Tao-Te-King übereinstimmen, wird nie mehr entschieden werden können. Dazu kommt, dass die ältesten bekannten Texte zu den frühesten Formen der chinesischen Schriftsprache gehören und dass die Vieldeutigkeit der chinesischen Bildsprache an sich schon verschiedene und zum Teil entgegengesetzte Uebersetzungsmöglichkeiten zulässt. Dies alles ist dem Verfasser, der sich selbst eingehend mit der chinesischen Religionsgeschichte befasst hat, wohl bekannt. Aber er weiss auch ein anderes.

Wer zu Lao-Tse greift, der will von dem Geiste dieses Mannes ergriffen werden, und zwar von dem zeitlos gültigen Geist, der einst in ihm Gestalt gewann. Es kommt dem Suchenden dabei nicht so sehr darauf an, dass er alle sprachlichen Besonderheiten, alle verborgenen Feinheiten und alle Gedankengänge voll erfassen kann; er will nur jenem seltsamen Drängen des nach letzter Wahrheit ringenden Geistes nachgeben, das ihn eben zu den «alten Meistern» treibt, gleichgültig, wann und wo sie gelebt haben. In Lao-Tse aber begegnet ihm das chinesische Menschentum in seiner erhabensten und tiefgründigsten Gestalt. Eine Zeit wie die unsrige, die von Grund auf neu um das Bild des Menschen ringen muss, kann und darf nicht an den grossen Menschen des Ostens vorübergehen. Denn diese Männer haben viel mehr um das innerste Wesen des Menschen und der Welt gerungen als viele Denker des Abendlandes.

Die Brücken vom Osten zum Westen sind nicht immer leicht zu schlagen. Die Einführung in Lao-Tses Tao-Te-King will aber zeigen, dass die grossen sittlichen und religiösen Grundfragen unseres Lebens durch die Jahrtausende und über alle Völker hinweg dieselben geblieben sind. Der Westen kann von den Erkenntnissen des Ostens viel an eigener Einsicht und an wahrer Menschlichkeit lernen.

Wenn der Verfasser nach Vergleich der deutschen, der wichtigsten französischen, englischen und amerikanischen Uebersetzungen trotz der Bedenken der Philologen versucht, eine eigene Fassung des Tao-Te-King zu geben, so bewog ihn der Gedanke, den ehrlich um religiöse Wahrhaftigkeit ringenden Menschen der Gegenwart eine sprachlich flüssigere und inhaltlich leichter verständliche Form des Tao-Te-King zu geben, eine Form freilich, die zugleich den Blick in die Tiefen der Weisheit Lao-Tses offen lässt. Als Wissenschaftler steht er in Dankbarkeit vor dem Werk der Sinologen, auf dem seine Arbeit ruht, als religiöser Mensch in Ehrfurcht vor dem Geiste Lao-Tses. Möge der Leser angespornt werden, mutig den stillen Weg hohen Menschentums mit Lao-Tse zu gehen und der hohen Lebensführung voll zu vertrauen!

Rudolf Backofen

A. DAS TAO-TE-KING

1
Ehrfurcht vor dem Geheimnis des Unergründlichen

1. Das Unergründliche, das man ergründen kann,
   ist nicht das unergründbar Letzte.
2. Der Begriff, durch den man begreifen kann,
   zeugt nicht vom Unbegreiflichen.
3. Im Unbegreiflichen liegt der Welt Beginn,
   nennbar wird nur, was Gestalt gewinnt.

   Daher gilt:
4. Das Wesen erschaut,
   wer wunschlos zum Herzen der Dinge strebt;
5. Gestalten nur sieht,
   wer begehrlich am Sinnlichen klebt.
6. Wesen und Gestalt sind nur begrifflich gespalten,
   geheimnisvoll bleibt ihrer Einheit Grund.
7. Diese Einheit ist das Geheimnis der Geheimnisse,
   zu allem Unergründlichen erst das Tor.

2
Das Offenbarwerden des Wesentlichen im Gegensatz

1. Wir wissen:
   Schönheit wird als Schönheit nur erkannt,
   wenn Nichtschönheit bewusst wird.
2. Das Gute wird als Gutes nur erkannt,
   wenn Nichtgutes bewusst wird.
3. Sein und Nichtsein erzeugen einander;
4. Schweres kann nur sein, wo auch Leichtes ist;
5. Grosses nur, wo Kleines ist;
6. Hohes dort, wo Tiefes ist.
7. Stimme und Ton bedingen die Klangwelt.
8. Vergangenheit und Zukunft bedingen die Zeit.

Darum
9 wirkt der Weise durch Nichtwirken;
10 lehrt durch Schweigen;
11 ist allem geöffnet, was auf ihn zukommt;
12 erzeugt und behält nichts;
13 schafft Werke und fragt nicht
nach der Frucht der Werke;
14 vollendet und steht immer wieder am Anfang:
15 All sein Tun quillt aus Herzensgründen.

3

Nichtwirken — Grundsatz aller Menschenführung

1 Die Fähigen auszeichnen,
    das heisst: im Volke Streber erziehen.
2 Das Seltene preisen,
    das heisst: die Neider locken.
3 Die Begierden reizen,
    das heisst: die Herzen verwirren.

4 Daher weckt ein weiser Fürst keine Leidenschaften,
    sondern sorgt für Zufriedenheit;
5   weckt keine Begierden,
    sondern lässt sein Volk in sich stark sein;
6   weckt keinen Wissensdrang,
    sondern fördert die Herzensbildung.
7 Er selbst wirkt — ohne zu wirken
    und erwirkt gerade dadurch die Ordnung des Reichs.

4
Die Unerkennbarkeit des Weltenurgrundes

¹ Wesenlos ist das Unergründliche,
die Wesen lösend von ihrem Sein;
abgründig tief ist es, alles Seienden Grund.

² Es mildert das Scharfe,
klärt das Wirre,
dämpft das Grelle,
macht sich eins mit dem Unscheinbaren.

³ Quellgrund des Schweigens!
Nicht scheinst Du zu wirken!

⁴ Ich weiss nicht, woher Du kommst.

⁵ Du scheinst älter zu sein
als selbst der Gott des Himmels.

5
Schöpferisches Unbekümmertsein

¹ Das All kennt keine Liebe;
es schreitet über alles hinweg, als wäre es nichts.

² Auch der Weise kennt keine Liebe,
wie Menschen sie kennen;
natürliche Bande verpflichten ihn nicht.
(Denn mehr als Liebe ist,
was im All und im Weisen wirkt.)

³ Wie des Schmiedes Blasebalg, in sich leer,
doch höchste Glut und edelstes Schaffen ermöglicht,
wenn er im Innern bewegt wird,
so wirkt aus dem Nichts schöpferisch das All;

⁴ so wirkt der schweigende Mensch,
der ledigen Gemüts ist.

⁵ Wer aber nicht schweigen kann, der erschöpft sich.

6
Das Aus-sich-selbst-quellen alles Lebendigen
¹ Unvergänglich ist der Geist der Tiefe. —
² Es ist das Urmütterliche.
³ In des Urmütterlichen Schoss wurzeln Himmel und Erde.
⁴ Es ist der Urquell des Lebens,
der mühelos aus sich selber quillt.

7
Selbstlosigkeit — das Tor zur Unvergänglichkeit
¹ Langwährend sind Himmel und Erde.
² Nie sich selbst lebend,
erfüllen sie die untergründigen Ordnungen.
³ Das ist der Grund ihrer Unvergänglichkeit.
⁴ So kennt auch der Weise keinen Eigenwillen:
⁵ Er fragt nicht nach sich — und kommt doch zu sich.
⁶ Er achtet seiner selbst nicht —
und sein Selbst vollendet sich.
⁷ Muss es nicht so sein,
dass dem Selbstlosen allein Erfüllung wird?

8
Sichfügen — das Geheimnis echten Lebens
¹ Echtes Leben gleicht dem Wasser:
Still fügt es sich dem Grund, den Menschen verachten,
gütig und selbstlos allem dienend,
dem unergründlichen Urquell gleichend.
² Echtes Leben ist:
³ Anspruchslos nach aussen und wunschlos nach innen;
⁴ hingebend im Dienen und wahrhaftig im Reden;
⁵ ordnend im Führen und leistungsstark im Wirken;
⁶ gelassen im Tun.
⁷ Gütig sich fügend, ist es unantastbar.

9
Vom Tun des Notwendigen

1. Man darf nicht ein Gefäss überfüllen,
   wenn man es nur füllen soll.
2. Man kann nicht ein Messer schärfen
   und zugleich die Schneide erproben.
3. Sinnlos ist es, Gold und Edelsteine zu sammeln,
   wenn man sie nicht sicher horten kann.
4. Wer, reich und geachtet, nur sich selber kennt,
   der zieht sein eigenes Unglück herbei.
5. Wer aber Grosses vollbringt
   und trotz des Ruhms sich bescheiden zurückzieht,
   der verwirklicht des Himmels Art.

10
Der Weg zur Lebenstiefe

1. Herrschaft des Geistes und Einklang der Kräfte
   bewahrt die Seele vor Zersplitterung.
2. Seine Herzkräfte bewahrend, anpassend sich fügend,
   wird der Mensch dem Kinde gleich.
3. Ständig sich läuternd, immer tiefer schauend,
   geht er irrtumslos seinen Weg.
4. Wer liebend sein Volk führt,
   lässt es sich selbst ordnen.
5. In Zeiten des Glücks und in Zeiten des Unglücks
   umhegt er es mütterlich.
6. Wor sich um echte Einsicht müht, bedarf keines Wissens.
7. Hegen und pflegen,
8. Werte schaffen und nichts behalten,
9. wirken und der Werke nicht achten,
10. führen und doch nicht herrschen:
    Das erstrebt der Zielwille unseres Lebens.

11

Die Wirksamkeit des Unsichtbaren im Sichtbaren

1 Dreissig Speichen enden in einer Nabe;
doch erst das Loch in der Nabe
wirkt des Rades Brauchbarkeit.
2 Ton knetend bildet man Gefässe;
doch erst ihr Hohlraum
gibt ihnen Brauchbarkeit.
3 Mauern, von Fenstern und Türen durchbrochen,
bilden Räume;
doch erst die Leere des Raums
gibt ihnen Brauchbarkeit.

4 So gibt das Stoffliche zwar Eignung,
das Unstoffliche aber erst den Wert.

12

Das Sinnliche — ein Weg zum Sinn

1 Der Farben Vielfalt blendet die Augen.
2 Der Töne Fülle betäubt das Gehör.
3 Der Gewürze Reichtum verdirbt den Geschmack.
4 Der Leidenschaften Drang verwirrt das Herz.
5 Die Gier nach schwer Erreichbarem
zerstört die Sitten.

6 Der Weise, von seinem Inneren geleitet,
bestimmt seiner Sinne Grenzen.

7 Alles Sinnliche ist ihm auch nur ein Weg zum Sinn.

13

**Sittliche Unabhängigkeit
Voraussetzung alles ordnenden Wirkens**

¹ Gnade ist beschämend wie Angst.
² Ehre macht Kummer wie das liebe Ich.

³ Warum ist Gnade beschämend wie Angst?
⁴   In Aengsten schwebt, wer Gnade sucht,
    (nicht wissend, ob er sie erhält;)
⁵   in Aengsten verharrt, wer Gnade fand,
    (nicht wissend, ob er sie behält;)
        darum ist Gnade beschämend wie Angst.

⁶ Warum macht Ehre Kummer wie das liebe Ich?
⁷   Aller Kummer kommt daher,
    dass ich ein Ich habe,
    (denn das Ich ist nie zufrieden zu stellen;)
⁸   könnte ich von meinem Ich loskommen,
    gäbe es auch keinen Kummer mehr.

⁹ Darum:
    Wer sich von Gnade und Ehre
    ebenso wie von seinem Ich freihält,
    dem mag man das Reich übergeben;
¹⁰   wer selbstlos zu dienen gewillt ist,
    dem mag man das Reich anvertrauen.

14
Innerer Gehorsam erwirkt letzte Erkenntnisse

¹ Wer das Unergründliche sehen will,
wird es nicht sehen;
denn es ist unsichtbar.
² Wer das Unergründliche hören will,
wird es nicht hören;
denn es ist tonlos.
³ Wer das Unergründliche erfassen will,
kann es nicht ergreifen;
denn es ist frei von Gestalt.
⁴ Kein Teilweg führt zu einem Ziel,
nur im Ganzen findet sich das Eine:
⁵ Nenne seine Oberfläche abgründig dunkel
und seine Tiefe oberflächenhell
(nie ist es begrifflich zu fassen!)
⁶ Es kreist anfangslos durch das All
und sinkt endlos ins Nichts,
⁷ ist gestaltlose Gestalt
und seinloses Sein,
⁸ das Unergründlichste in allem Unergründlichen.
⁹ Wer ihm entgegengeht —
schaut nicht sein Antlitz;
wer ihm folgt —
dem entzieht es sich.
¹⁰ Wer ihm aber gehorsam bleibt,
so wie ihm die Alten gehorsam waren,
der erkennt,
was ward und was werden will,
der sieht
die Selbstentfaltung des Unergründlichen
aus sich selbst.

15
**Ursprünglichkeit —
das Geheimnis im Leben der alten Meister**

¹ Die alten Meister des Lebens waren tiefeins
mit den wirkenden Mächten des Lebens.
² In ihrer tiefen Innerlichkeit
lag ihre Grösse und ihres Wirkens Mächtigkeit.
³ Wer vermag sie heute zu erfassen?
⁴   Voller Aufmerksamkeit waren sie,
    wie Fährleute,
    die im Winter über den Strom setzen.
⁵   Scheu waren sie,
    wie Menschen,
    die von allen Seiten bedrängt werden.
⁶   Zurückhaltend blieben sie,
    wie es Gästen geziemt.
⁷   Sie fügten sich wie schmelzendes Eis.
⁸   Sie waren echt wie Kernholz.
⁹   Sie waren voller Weite wie ein breites Tal
¹⁰   und undurchschaubar wie sumpfige Wasser.

¹¹ Undurchschaubar erscheinen uns Heutigen
auch ihre Erkenntnisse;
wer kann sie uns wieder erhellen?
¹² Wer vermag wieder zum Leben zu erwecken,
was uns so tot erscheint?
¹³ Nur wer dem Unergründlichen gehorsam wird,
wer sich selbst nicht sucht,
wer unscheinbar bleibt
und im Mangel vollkommen sein kann.

16

Die Erfüllung der ewigen Ordnungen

¹ Wunschloses Aufwärtsstreben gibt Herzensstille.
² Und kämen auf einen Wunschlosen
auch alle Wesen zu, —
er bliebe still,
ihr Kommen und Gehen schauend.
³ Denn alles Lebendige ist dem Wechsel unterworfen:
Es entfaltet sich —
und kehret zum Urgrund zurück.
⁴ Zurückkehren zum Urgrund,
das heisst: stille werden,
das heisst: heimkehren.
⁵ Heimkehr ist: Rückkehr ins Unvergängliche.
⁶ Wer dies erkennt, ist weise;
wer es nicht erkennt, stiftet Unheil.

⁷ Wer von der Unvergänglichkeit ergriffen wird,
der wird weitherzig.
⁸ Der Weitherzige ist duldsam.
⁹ Der Duldsame ist edel.
¹⁰ Der Edle erfüllt die ewigen Ordnungen.
¹¹ Und wer diese erfüllt,
der gleicht dem Unergründlichen,
und ist, wie dieses, unvergänglich.
¹² Keinerlei Schicksal trifft ihn mehr.

17

Die Unauffälligkeit guter Staatsführung

¹ Den echten Führer einer Gemeinschaft
gewahrt das Volk kaum;
² weniger grosse werden geliebt und gelobt,
³ die kleinen gefürchtet,
⁴ die Herrschsüchtigen verachtet.
⁵ So wie ein Herrscher seinem Volk vertraut,
vertraut das Volk ihm.

⁶ Die weisen Herrscher wählten bedacht ihre Worte,
was sie taten, war gut;
ihr Werk vollendeten sie.
⁷ Das Volk aber glaubte,
sich selbst zu führen.

18

Mangelnde Ursprünglichkeit wirkt auflösend

¹ Sitte und Recht entstanden,
als der Mensch nicht mehr aus dem Ursprung lebte.
² Mit der Herrschaft des Verstandes
begann die grosse Unaufrichtigkeit.
³ Als die Einheit des Blutes verloren ging,
musste von Elternpflicht und Kindesgehorsam
gesprochen werden;
⁴ als die Einheit der Gemeinschaft verloren ging,
musste von Staatstreue und Bürgerpflicht
gesprochen werden.

19
Echtheit des Wesens —
Voraussetzung vollkommener Sittlichkeit

1. Hundertfach wird eine Gemeinschaft gesegnet,
   wenn die Menschen nicht mehr wissen
   und nicht mehr heilig sein wollen.
2. Wahre Ehrfurcht und natürliche Liebe
   wachsen in einer Gemeinschaft,
   in der Recht und Sitte nicht mehr gefordert werden.
3. Unmoral findet keinen Raum in einer Gemeinschaft,
   in der Selbstlosigkeit das Wirken bestimmt.
4. Das sind drei Grundsätze,
   die nicht gefordert,
   sondern gelebt werden wollen.
5. Nur wo sie gelebt werden,
   helfen sie dem Menschen.
6. Echte Sittlichkeit wird nur,
   wo ursprünglich gelebt
   und aus lauterem Herzen gehandelt wird;
7. wo sich die Echtheit des Wesens
   in selbstloser Tat
   und in Wunschlosigkeit
   offenbart.

20
Die Unbekümmertheit des Weisen
um das Urteil der Masse

1. Gebt eure Scheinbildung auf,
   so lösen sich alle Schwierigkeiten.
2. Wie klein ist doch der Unterschied
   zwischen (dem herzhaften) Ja (eines Mannes)
   und (dem lieblichen) Ja (eines Weibes)!

³ Wie bedingt ist doch das Urteil
über gut und böse!
⁴ Wie töricht ist es doch,
keine Ehrfurcht zu zeigen vor dem,
was anderen Ehrfurcht einflösst!
⁵ O Einsamkeit, wann umfängst Du mich ganz...?
⁶ Die Menschen lustwandeln so fröhlich,
als ob das Leben ein einziges Volksfest wäre,
als ob alle auf des Maien Höhen gingen.
⁷ Ich allein bin verlassen
und weiss nicht, was ich tun soll.
⁸ Wie ein Kind bin ich,
das noch nicht lächeln kann,
⁹ wie ein Flüchtling,
der keine Heimat mehr hat.
¹⁰ Die andern haben die Fülle,
ich habe nichts.
¹¹ Ich bin voller Einfalt, wie ein Tor, —
es ist zum Verzweifeln!
¹² Froh und vergnügt sind die andern,
gedrückt und traurig bin ich!
¹³ Umsichtig sind sie, voll munteren Strebens,
bei mir aber rührt sich nichts.
¹⁴ Unruhig, ach, wie die Wogen des Meeres,
so walle ich dahin.
¹⁵ Mich wirbelt das Leben umher,
als ob ich haltlos wäre.
¹⁶ Das Leben der anderen hat Sinn und Zweck,
das meine nur scheint unnütz und leer.
¹⁷ Ich allein bin anders als alle anderen; —
doch sei still, mein Herz:
Du lebst am Herzen der Weltenmutter.

21

Vom Vertrauen in die wirkenden Innenkräfte

1 Der Führungskraft höchstes Ziel
ist Gehorsam gegenüber dem Unergründlichen.
2 Wie das Unergründliche wirkt,
wird niemandem kund.
3 In unerkennbarer und nicht fassbarer Weise
erwirkt es die geistigen Kräfte;
4 in unerkennbarer und nicht fassbarer Weise
erwirkt es die Formkräfte;
5 in unfassbarer und nicht ergründbarer Tiefe
trägt es die Keimkräfte in sich.
6 Die Keimkräfte erwirken die Wirklichkeit,
sie selber sind
von der letzten Wirklichkeit erwirkt.
7 Diese, nie ihr Wesen offenbarend,
erwirkt den Ursprung des Seins.
8 Woher weiss ich dies?
9 Eben durch sie.

22

Das Gesetz des inneren Ausgleichs

1 Was unvollkommen ist, wird vollkommen werden;
2 was krumm, gerade;
3 was leer, voll;
4 wenn sich etwas löst, wird Neues werden;
5 wo Mangel ist, wird Fülle werden;
6 wo Fülle ist, wird Mangel werden.

⁷ Der Weise,
das Unergründliche in sich hegend,
wird der Welt Vorbild:
⁸ Er achtet nicht auf sich —
und wird beachtet.
⁹ Er kümmert sich nicht um sich —
und wird verehrt.
¹⁰ Er sucht nichts für sich —
und hat Erfolg.
¹¹ Er sorgt nicht um sich —
und ist allem überlegen.
¹² Da er wunschlos ist, ist er unantastbar.

¹³ So ist viel Wahrheit in dem alten Wort:
Was unvollkommen ist, wird vollkommen werden.
¹⁴ Der innere Zielwille unseres Lebens bestätigt es.

23

Lebensmeisterung —
durch stilles Sicheinfügen

¹ Wer wenig redet,
findet die rechte Einstellung zu jedem Geschehen.
² Er verzweifelt nicht, wenn Orkane toben;
(denn er weiss, sie gehen schnell vorüber;)
³ auch ein Platzregen währt nicht den ganzen Tag.
⁴ Himmel und Erde wirken beides.
⁵ Wenn diese schon keine Beständigkeit kennen,
um wieviel weniger darf man vom Menschen
Beständigkeit erwarten.

(Daher kommt es immer auf die rechte Einstellung an;
diese aber heisst:
sich still in alles Geschehen einfügen.)

⁶ Wer sich in seinem Tun
vom Unergründlichen bestimmen lässt,
wird eins mit ihm.
⁷ Wer sich in seinem Tun
von seinem innersten Wesen bestimmen lässt,
wird eins mit sich selbst.
⁸ Wer sich in seinem Tun
von irgend etwas bestimmen lässt,
wird eins mit diesem.

⁹ Wer sich in das Unergründliche einfügt,
dem wird in dieser Einfügung
der Segen des Unergründlichen.
¹⁰ Wer sich seinem innersten Wesen einfügt,
dem wird in dieser Einfügung
der Segen des Innersten.
¹¹ Wer sich in irgend etwas einfügt,
dem wird in dieser Einfügung
Segen oder Fluch,
je nach der Wesenheit dieses Irgend-etwas.

¹² Jedem wird soviel Vertrauen,
als er gibt.

24
Natürlichkeit —
Voraussetzung echten Lebens

[1] Wer auf den Zehen steht, kann nicht stehen.
[2] Wer die Beine spreizt, kann nicht gehen.
[3] Wer sich ins Licht stellt, kann nicht leuchten.
[4] Wer nur sich gelten lässt, kann nichts gelten.
[5] Wer sich selbst wichtig nimmt, hat kein Gewicht.
[6] Wer sich selbst lobt, ist nicht gross.
[7] Solch unnatürliches Tun
verabscheuen die himmlischen Mächte;
auch der natürlich Empfindende verabscheut es.
[8] Wer um seine Würde weiss,
Träger des Unergründlichen zu sein,
hält sich von solchem fern.

25
Die Urkraft des Werdens

[1] Im unergründlichen Grunde
liegt die Urwesenheit.
[2] Sie war, ehe Himmel und Erde waren,
ohne Bewegung, ohne Gestalt,
noch werdefrei in der Ganzheit des Wesens,
ohne Widerstand alles erfüllend:
Mutter des Himmels und der Erde.
[3] Unbegreifbar und unnennbar ist sie.
[4] Ich bezeichne sie als das Unergründliche.
[5] Ich kann sie (um eine begriffliche Fassung ringend,)
auch als das Grosse bezeichnen.
[6] Damit meine ich: ihr ewig Quellendes,
[7] und mit diesem meine ich: ihr Unaufhörliches,

⁸ und mit diesem:
   den erst in allen Fernen des Unendlichen
   sich schliessenden Kreislauf des Werdens.
⁹ Gross ist das Unergründliche; —
   doch auch der Himmel,
   die Erde und der König sind gross.
¹⁰ Dies sind vier Grössen, die uns gegeben sind;
   der König ist nur eine von ihnen.
¹¹ Er ist als Mensch
   an die Gesetze der Erde gebunden.
¹² Die Erde ist den Gesetzen des Himmels eingefügt.
¹³ Der Himmel folgt dem Gesetz des Unergründlichen.
¹⁴ Dieses aber ist sich selbst Gesetz.

26
Meisterung des Lebens durch stille Würde

¹ Wer das Schwere willig trägt,
   meistert auch das weniger Schwere.
² Wer die Ruhe stets bewahrt,
   ist Herr jeder Unruhe.

³ Daher trägt der Weise willig
   seiner Erdenwanderung Last,
   lässt sich nicht durch glänzende Aussichten beirren
   und geht in Ruhe und Würde seinen einsamen Weg.

⁴ Der weltliche Grosse aber,
   der oberflächlich dahinlebt,
   lockert durch seinen Leichtsinn
   das Gefüge der Gemeinschaft,
   zerstört durch seine Unruhe
   die Ordnung des Reichs —
   und wird daher sein Reich verlieren.

27
Wirkliches Können
wirkt echte Bildung

1. Ein guter Wanderer hinterlässt keine Spur.
2. Ein guter Redner gibt sich keine Blösse.
3. Ein guter Rechner bedarf keiner Rechenstäbchen.
4. Ein guter Schliesser braucht nicht Riegel noch Bolzen,
und doch kann niemand öffnen.
5. Ein guter Binder bindet nicht mit Band und Strick,
und doch kann keiner lösen.

6. So vermag auch der Weise in seinem Reifsein
den Menschen immer zu helfen;
für ihn ist keiner ganz verloren.
7. Er vermag alles Seiende zu fördern;
für ihn ist nichts Verwerfliches im Sein.

8. Das ist aller Menschengestaltung
doppeltes Geheimnis:
Der Reife vermag immer nur
dem weniger Reifen zu helfen;
der noch nicht Gebildete
ist der Bildungsstoff des Bildners.

9. Daher begegne dem in Ehrerbietung,
der reifer ist als Du,
und umgib den mit Liebe,
der Deiner noch bedarf.

10. Wer solches nicht tut,
weiss nichts von echter Bildung.
Das ist ein wichtiges Geheimnis.

28
Herzenseinfalt —
die weltordnende Kraft

1 Wer kraftvoll in seinem Mannestum wurzelt
und zugleich empfänglich ist wie ein Weib:
in dem vermag das strömende Leben zu gründen.
2 Ist er das Strombett der Welt,
so werden die in seinem Selbst wirkenden Kräfte
ihn nie verlassen:
er kehrt zu des Kindes Ursprünglichkeit zurück.
3 Wer vom Licht der Erkenntnis durchdrungen
dennoch im Dunklen bleibt,
wird zur Leuchte der Welt.
4 Ist er Leuchte der Welt,
wird er von des Lichtes Mächten nie verlassen:
er kehrt zum Urgrund des Lebens zurück.
5 Wer um seine innere Grösse weiss
und dennoch bescheiden bleibt,
durch den vermag die Welt zu werden.
6 Wird die Welt durch ihn,
wird der quellenden Kräfte in ihm kein Ende sein:
er hat seines Herzens Einfalt wieder gefunden.
7 Breitet sich die Herzenseinfalt
unter den Menschen aus,
so vermögen diese
das Unergründliche wieder zu fassen.
8 Der Weise setzt solche Menschen
als Vorgesetzte und Verwalter ein.
9 Durch solche Verwaltung
wird die Welt unmerklich geordnet.
10 Echte Macht wächst aus sich selbst.

29
Machtpolitik zerstört,
Verzicht auf Gewalt baut auf

1. Die Erfahrung zeigt, dass man sich die Welt
   nicht willentlich unterjochen kann.
2. Die Welt ist ein sich selbst bildendes geistiges Ganzes.
3. Sie mit Gewalt ordnen zu wollen,
   heisst, sie aus der Ordnung bringen.
4. Sie mit Macht befestigen zu wollen,
   heisst, sie zerstören.
5. Denn alle ihre Glieder haben ihr eigenes Gesetz:
   > die einen müssen voranstürmen,
   > die andern verharren;
6. > die einen schweigen,
   > die andern prahlen;
7. > die einen sind selbst stark,
   > die andern müssen gestützt werden;
8. > die einen siegen im Lebenskampf,
   > die andern unterliegen.
9. Der Weise erzwingt daher nichts,
   er überhebt sich nicht
   und greift nicht mit Gewalt ein.

30
Gewaltlosigkeit
Voraussetzung jeder Friedenspolitik

1. Der Herrscher,
   der den Ordnungsgesetzen des Alls folgt,
   sucht nicht die Welt mit Gewalt zu beherrschen;
   denn er weiss,
   es fällt alles auf einen selbst zurück.

² Schlachtfelder erzeugen nur Dornen und Disteln;
Kriege bringen nur Elend und Not.
³ Darum steht der Weise zwar in steter Bereitschaft,
aber er erzwingt nichts mit Gewalt.
⁴ Er kennt nicht Ehrsucht noch Ruhm,
masst sich nichts an,
strebt nicht nach Macht.
⁵ Er tut das Notwendige, das Not wendet.
⁶ Alle seine Entscheidungen sind fern von Gewalt.
⁷ Er weiss um den Rhythmus des Werdens,
weiss, dass alles, was den Gesetzen
innersten Lebens widerspricht, zerbricht,
dass alles Wesenlose rasch zerfällt.

31

Von der Verachtung äusserer Machtmittel

¹ Auch die trefflichsten Waffen
sind Werkzeuge des Unheils,
der wesentliche Mensch muss sie verachten.
² Wer um seine letzte Verpflichtung weiss,
bedient sich ihrer nicht.
³ Der Edle schätzt im Frieden zwar die gütige Linke,
im Krieg aber bedarf er der starken Rechten;
⁴ doch immer bleiben ihm Waffen Geräte des Unheils,
denn sie sind keines Edlen würdig.
⁵ Nur wenn man ihn zwingt,
gebraucht er sie.
⁶ Doch auch im aufgezwungenen Kampfe
bleiben ihm Ruhe und Friede das höchste.
⁷ Siegt er, so kann er sich nicht freuen;
Freude am Sieg wäre ihm Freude am Menschenmord.

⁸ Wer sich am Hinschlachten der Menschen freut,
kann seines Lebens Sinn nicht erfüllen.
⁹ In guten Zeiten schätzt man die Linke,
in schlechten die Rechte,
(beide haben ihr eigenes Gesetz).
¹⁰ Auch beim Heer bleibt der Unterführer links,
der Feldherr steht rechts.
¹¹ So ist es auch Sitte bei einer Leichenfeier.
¹² Wenn viele gefallen,
das Volk mit Schmerz und Trauer erfüllt ist,
geht der rechte Sieger in sich gekehrt
an der Seite des Volkes wie bei einer Trauerfeier.

32

Von der Unscheinbarkeit des Unbegreiflichen im Begreiflichen

¹ Das Unergründliche ist nie zu ergründen.
² Unscheinbar ist es, trotz seiner Ursprünglichkeit;
die Welt kann mit ihm nichts anfangen.
³ Würden es Fürsten und Könige in sich tragen,
alle Geschöpfe würden von selbst
zur Huldigung erscheinen;
Himmel und Erde würden vor Freude
lieblichen Tau spenden,
und die Menschen würden
auch ohne Regierung geordnet leben.

⁴ Gewinnt das Unbegreifliche Gestalt,
so kann es begrifflich erfasst werden.
⁵ Die Begriffe sind aber nur Hinweise
auf das Nichtzubegreifende;
man bleibe sich stets ihrer Beschränktheit bewusst.

⁶ Bleibt man sich ihrer Beschränktheit bewusst,
so besteht keine Gefahr.
⁷ Dann gleicht das Verhältnis
des Begreiflichen zum Unbegreiflichen
den Bächen und kleinen Seen,
die den Strömen und Meeren zufliessen.

33

Echtes Gebildetsein überwindet den Tod

¹ Klug ist, wer andere durchschaut,
weise, wer sich selbst durchschaut.
² Kraft beweist, wer andre zwingt,
Art jedoch, wer sich selbst bezwingt.
³ Willen hat, wer Herr seines Tuns ist,
Reichtum aber, wer zufrieden bleibt.
⁴ Standhaft ist, wer an seinem Platz verharrt,
wahrhaft lebt, wer im Tod besteht.

34

Wahre Grösse offenbart sich im Dienen

¹ O du überströmendes, alles überflutendes Wesen!
² Durch Dich ist das All.
³ In Dir leben alle Wesen.
⁴ Du versagst Dich keinem.
⁵ Du alles wirkende,
   alles fördernde,
   alles ernährende Weltenmutter,
Du ewige Dienerin des Lebens!
⁶ Nie strebst Du nach Ruhm.

⁷ Klein erscheinst Du denen,
die Dein anspruchsloses Dienen nicht erfassen.
⁸ Gross aber bist Du,
wenn alle Dinge in Dich zurückkehren!
⁹ Und dennoch gebärdest Du Dich nicht als Herrin.
¹⁰ So dient auch der Weise sein Leben lang,
nie nach Grösse fragend,
doch Grosses wirkend.

35

Unerschöpfliche Fülle
wird nur durch Hingabe

¹ Wer den Bildekräften schöpferischen Lebens
in sich Raum gibt,
zu dem kommt das Wesentliche.
² Es kommt und bleibt in ihm unantastbar,
Frieden und stilles Reifen wirkend.

³ Musik und Schaustücke locken nur
den oberflächlichen Wanderer.
⁴ Das Unergründliche reizt und lockt niemanden.

⁵ Sehen genügt nicht, um es zu schauen.
⁶ Hören genügt nicht, um es in sich aufzunehmen.
⁷ Wer aber gehorsam bleibt,
der findet seine Unerschöpflichkeit.

36

Vom Wartenkönnen bis zur Reife

¹ Was man einengen will,
muss man zuvor sich entfalten lassen.

² Was man schwächen will,
   muss man zuvor sich erstarken lassen.
³ Was man fallen lassen will,
   muss man zuvor erhöht haben.
⁴ Was man nehmen will,
   muss man zuvor gegeben haben.
⁵ Das Ausreifenlassen ist ein tiefes Geheimnis:
⁶ Das Schwache und Biegsame
   ist immer stärker und widerstandsfähiger
   als das Starke und Starre.
⁷ Doch wie der Fisch in seinem Element
   gelassen werden muss,
   so muss auch der Herrscher
   im Bereich dieses Geheimnisses bleiben,
   wenn er sein Reich fördern will.

37

**Wunschlosigkeit und Frieden
wirken der Welt Vollkommenheit**

¹ Im Unergründlichen ist kein Wirken,
   und doch wirkt das Nichtwirkende alles.
² Wenn Fürsten und Könige sich ebenso
   von ihm bestimmen liessen,
   würde sich alles zum Besten gestalten.
³ Und wenn die Menschen dennoch Wünsche hätten,
   so würde ich sie durch Herzenseinfalt überzeugen.
⁴ Herzenseinfalt führt zur Wunschlosigkeit.
⁵ Wo Wunschlosigkeit ist, ist Friede.
⁶ Wo Friede ist, ordnet sich die Welt von selbst.

38
Hohe und niedere Formen sittlichen Wirkens

1. Wer aus dem Allgrund seiner Seele lebt,
   wird sich dessen nicht bewusst;
   darum quellen die innersten Kräfte
   unmittelbar aus ihm.
2. Wer aus einem Teilbereich seiner Seele lebt,
   möchte zwar von innen her wirken,
   kann es aber nicht;
   die innersten Kräfte quellen nicht aus ihm.
3. Wer aus dem Allgrund seiner Seele lebt,
   wird sich seines Tuns nicht bewusst;
   er kennt kein eigenwilliges Wirken.
4. Wer aus einem Teilbereich seiner Seele lebt,
   handelt ichhaft; er fragt stets nach Sinn und Zweck.
5. Liebe drängt zwar zum Handeln,
   aber sucht nichts für sich.
6. Gerechtigkeit drängt auch zum Tun,
   fordert aber Geltung.
7. Blosse Moral muss ebenfalls wirken;
   folgt man der öffentlichen Meinung nicht,
   zwingt sie einen dazu.

Darum erkenne:
8. Wer nicht mehr im Unergründlichen gründen kann,
   der lebe aus seines Herzens Ursprünglichkeit.
9. Wer seines Herzens Ursprünglichkeit verlor,
   der lebe aus der Liebe.
10. Wer nicht mehr liebend zu leben vermag,
    der handle wenigstens gerecht.
11. Wer selbst dies nicht mehr kann,
    der lasse sich von Brauchtum und Sitte bändigen.

¹² Das Abhängigwerden von der öffentlichen Moral
ist aber die unterste Stufe der Sittlichkeit,
schon Ausdruck des Zerfalls.
¹³ Wer dann noch glaubt, durch Verstandesbildung
einen Ausgleich für die Herzensbildung
schaffen zu können,
der ist ein Tor.
Darum merke Dir:
¹⁴ Der echte Mensch
folgt seinem innersten Gesetz
und keinem äusseren Gebot;
er hält sich an den Quell
und nicht an die Abwässer;
er meidet diese
und sucht immer das Ursprüngliche.

39

**Das Einfach-Eine —
Wurzel aller Vielgestaltigkeit im Sein**

¹ Alles hohe Sein ist Ausgliederung
aus dem All-Einen,
in sich selber wieder eins:
²   Der Himmel erlangte die Einheit,
    daher seine klare Ordnung.
³   Die Erde erlangte die Einheit,
    daher ihre Festigkeit.
⁴   Die geistigen Kräfte erlangten die Einheit,
    daher ihre Wirksamkeit.
⁵   Alles Empfängliche erlangte die Einheit,
    daher seine Erfüllung.

⁶ Alles Lebendige erlangte die Einheit,
daher seine Fruchtbarkeit.
⁷ Selbst die Herrscher erlangten die Einheit,
daher ihre Vorbildlichkeit.

⁸ Alles ist durch die Einheit bewirkt.
⁹ Ohne klare Ordnung
würde der Himmel wohl reissen.
¹⁰ Ohne ihre Festigkeit
müsste sich die Erde wohl auflösen.
¹¹ Ohne ihre Wirksamkeit
würden die geistigen Gestaltungskräfte
wohl versagen.
¹² Ohne seine Erfüllung
bliebe alles Empfängliche wohl leer.
¹³ Ohne seine Fruchtbarkeit
müsste alles Lebendige wohl vergehen.
¹⁴ Ohne ihr vorbildliches Wirken
würden die Herrscher wohl gestürzt werden.
¹⁵ Der Weise weiss,
dass alles Edle im Einfachen wurzelt,
dass alles Erhabene sich auf Niedrigem aufbaut.
¹⁶ Daher betrachten sich auch die Fürsten und Könige
als hilflose, verlassene und geringe Diener,
wissend, dass auch sie im Einfach-Einen gründen.
¹⁷ Oder stimmt es nicht?

¹⁸ (Alles muss in seiner wesenhaften Einheit bleiben:)
Wer einen Wagen zerlegt, hat keinen Wagen mehr.
¹⁹ Wer wie ein Edelstein glänzen will,
ist nicht echt und fällt doch nur,
gleich einem gewöhnlichen Stein,
tönend herab.

40

Der Kreislauf des Werdens

¹ Was sich aus dem Urgrund erhebt,
kehrt in den Urgrund zurück.

² Gelassen wirkt das Unergründliche.

³ Aus dem Allgrund des Seins
wallen die Wesen zum Leben.

⁴ Aus dem Allgrund des Nichtseins
erhebt sich das Sein.

41

**Das Erfülltsein alles Seienden
vom Unergründlichen**

¹ Der wirkliche Weise,
das Unergründliche erkennend,
sucht es zu verwirklichen.
² Der in seinem Streben nach Weisheit
noch Schwankende
folgt ihm nur dann und wann.
³ Der nur von Weisheit Redende
nimmt es nicht ernst.
Erschiene es ihm nicht töricht,
wäre es nicht das Letzte.

Daher sagte einst ein Dichter:
⁴ «Der vom inneren Lichte Erleuchtete
erscheint im Licht der Welt dunkel.
⁵ Der innerlich Fortschreitende
erscheint rückschrittlich.

⁶ Der innerlich Ausgeglichene
   erscheint unbrauchbar.
⁷ Wer seinem höchsten Selbst vertraut,
   geht nach der Welt Meinung zugrunde.
⁸ Wer rein bleibt,
   gilt als einfältig und dumm.
⁹ Wer kraft seines Selbstes duldsam
   alles zu verstehen sich bemüht,
   gilt als charakterlos.
¹⁰ Wer kraftvoll in seinem Selbst wurzelt,
   gilt als Eigenbrödler.
¹¹ Wer aus seinem Herzen lebt,
   gilt als unberechenbar.»

Das Unergründliche gleicht:
¹² einem unendlichen Viereck
   ohne Ecken,
¹³ einem Gefäss von unendlicher Grösse,
   das nichts fasst,
¹⁴ einem Laut von unendlichen Schwingungen,
   den man nicht hört,
¹⁵ einem Bild von unendlicher Grösse,
   das nicht erschaut werden kann.
¹⁶ Wenn auch das Unergründliche
   nicht zu erkennen und nicht zu benennen ist,
   es erfüllt, wirkt und vollendet doch alles.

42
Die Selbstentfaltung des Seins

¹ Aus dem Unergründlichen erquoll das Eine.
² Aus dem Einen ward das Zweite.
³ Aus dem Zweiten ward das Dritte.
⁴ Das Dritte erzeugte das Viele.

⁵ Alles Lebendige geht aus dem Dunklen hervor
und strebt nach dem Licht.
⁶ Des Lebens Wesenheit bewirkt
den steten Einklang beider Kräfte.

⁷ Kein Mensch will einsam, verlassen und gering sein;
Fürsten und Könige aber bezeichnen sich gern so;
denn sie wissen um das Geheimnis,
dass das, was nichts gilt, erhoben wird,
dass das, was gilt, zerfällt.

⁸ Also lehre ich auch, was schon die andern lehrten:
    Immer stirbt,
      bevor er stirbt,
        wer eigenwillig handelt.
⁹ Das ist der Ausgangspunkt meiner Lehre.

43
Von der Wirksamkeit des Unscheinbaren

¹ Das Allerweichste überwindet das Härteste auf Erden.
² Das Leere durchdringt selbst das Dichteste.
³ Darin offenbart sich die hohe Wirksamkeit
des Nichtwirkens.
⁴ Freilich:
Wenige in der Welt wissen um das Geheimnis
schweigender Belehrung
und nichtwirkenwollenden Wirkens.

44

Selbstbegrenzung wirkt Beständigkeit

1 Was bedeutet mir mehr:
der Familienname oder mein Wesen?
2 Was ist mir näher:
mein innerstes Selbst oder der äussere Besitz?
3 Was bringt mir mehr Pein:
Gewinn oder Verlust?
4 Wer sein Herz an etwas hängt,
    über den kommt das Verhängnis.
5 Wer nach Schätzen strebt,
    der wird sich verschätzen.
6 Wer zufrieden bleibt,
    mit dem wird man zufrieden sein.
7 Wer seine Grenzen beachtet,
    kommt nicht in Gefahr.
8 Dies führt zu wahrer
    innerer und äusserer Beständigkeit.

45

**Vom Zielwillen des Lebens
und vom Richtmass der Welt**

1 Was sich vollendet,
erscheint oft wie unvollkommen,
und doch wirkt seine verborgene Zielkraft
unaufhörlich.
2 Was wirkliche Fülle besitzt,
scheint sich stets zu verströmen,
und doch bleibt es unerschöpflich.
3 Das Gerade erscheint oft wie krumm,

⁴ grosse Geschicklichkeit wie Ungeschick,
⁵ wirkliche Kunst wie ein Stammeln.
⁶ Bewegung überwindet die Kälte,
Stille die Hitze.
⁷ Immer bleibt das Reine und Echte
Richtmass der Welt.

46
Genügsamkeit erhält den Frieden

¹ Lebt die Gemeinschaft in Ordnung,
ziehen die Rosse den Pflug.
² Verliert sie ihr inn'res Gesetz,
steh'n sie zum Kriege bereit.
³ Grössere Sünde gibt's nimmer
als Billigung zuchtloser Gier.
⁴ Grösseres Uebel gibt's nimmer
als niemals sich lassen genügen.
⁵ Grösseres Unheil gibt's nimmer
als Ehrsucht und Drang nach Erfolg.
⁶ Nur wer sich zufrieden gibt,
hat dauernden Frieden im Land.

47
Der Weg zur Menschen- und Welterkenntnis

¹ Um die Welt zu erkennen,
brauch' ich nicht in sie zu gehen.
² Das Geheimnis der Welt kann ich erschauen,
ohne aus dem Fenster zu sehen.
³ Je weiter einer in die Ferne schweift,
um so geringer wird sein Erkennen.
⁴ Der Weise kommt zu seiner Erkenntnis
ohne Wissensdrang;

⁵ er kommt an sein Ziel
ohne Anstrengung;
⁶ er vollendet seinen Weg
mühelos.

48
Nichtwirkenwollen fördert die Gemeinschaft

¹ Wissen drängt täglich nach grösserem Wissen.
² Wer dem Unergründlichen gehorsam ist,
wird täglich bescheidener.
³ Er gelangt zum Nichtwollen
und endet im Nichtwirken.
⁴ Im selbstlosen Gehorsam bleibt nichts ungetan.
⁵ So wächst auch ein Reich aus sich selber heraus;
eigenwillige Umtriebe aber zerstören es.

49
Vom Leben im Herzen der Welt

¹ Der Weise hat kein selbstsüchtiges Herz,
unvoreingenommen nimmt er die Herzen
der anderen in sich auf.
² Er ist gut zu den Guten
und gut zu den Nichtguten;
denn sein innerstes Wesen
lässt ihn nur gütig sein.
³ Er ist ehrlich zu den Ehrlichen
und ehrlich zu den Nichtehrlichen;
denn sein innerstes Wesen
lässt ihn nur ehrlich sein.
⁴ Er lebt zwar zurückgezogen,
doch er bleibt weltweit dem Leben geöffnet.

⁵ Der Menschen Augen und Ohren
mögen verwundert auf ihn gerichtet sein, —
er sieht in allen nur seine Kinder.

50
Erkenntnis der Lebensgesetze gibt Furchtlosigkeit

¹ Ausgang aus dem Nichtseienden in das Seiende
ist Geburt;
Heimkehr in das Nichtseiende
ist Tod.

² Drei von zehn suchen ihre Seligkeit im Leben,
³ drei von zehn suchen sie im Sterben,
⁴ drei von zehn klammern sich
an die Freuden des Lebens
und geben sich gerade dadurch dem Tod in die Hand.
⁵ Warum ist es so?
⁶ Weil jeder auf seine Weise
des Lebens Erfüllung sucht.

⁷ Ich aber hörte, dass der Weise,
um das wirkliche Geheimnis des Lebens wissend,
auf seiner Wanderschaft
nicht Nashorn noch Tiger fürchtet,
und durch kämpfende Heere
ohne Waffen und Rüstung schreitet.
⁸ Das Nashorn fände keinen Angriffspunkt
für sein Horn,
der Tiger keinen für seine Tatzen,
die Feinde keinen für ihre Schwerter.
⁹ Warum?
Weil er unantastbar ist,
weil es für ihn keinen Tod gibt.

51
Die Wirkungskraft innerlich kraftvollen Lebens

1 Aus dem Unergründlichen steigt das Leben auf,
2 erhalten wird es durch die Urkraft des Lebens,
3 offenbar wird es durch das Leibhafte,
4 vollendet durch den Zielwillen des Lebens.

5 Daher verehren die Lebenden das Unergründliche,
nicht, weil es die Pflicht geböte,
sondern weil es ihr Inneres so will.

6 Denn das Unergründliche gibt allem das Leben:
es lässt im Frühling alles werden und wachsen,
ernährt und erhält es im Sommer,
lässt es im Herbst reifen und vollenden,
schützt es im Winter.

7 Erzeugen, ohne etwas dafür haben zu wollen,
dem Leben zu dienen, ohne etwas zu erwarten,
es zu fördern, ohne es beherrschen zu wollen:
Das ist das Geheimnis innerlich kraftvollen Lebens.

52
Von der Kraft schweigenden Lebens

1 Das Unergründliche ist der Mutterschoss der Welt.
2 Wer seine Mutter erkennt, weiss um seine Kindschaft;
3 wer sich als Kind erkannt, lebt der Mutter Leben;
4 er sieht in seinem Untergang einmal keine Gefahr.

5 Wer verhaltener Sinne bleibt
und seine Kräfte wahrt, der erschöpft sich nicht.
6 Wer sich aber ausgibt
und sich umtriebig in alles mischt,
der lebt vergeblich.

⁷ Wer sich bewusst ist,
nur ein Fünklein zu sein,
der ist erleuchtet.
⁸ Wer als Werdender
weich und schmiegsam bleibt,
der ist stark.
⁹ Wer so erleuchtet
in des Lichtes Ursprung zurückkehrt,
den trifft kein Untergang.
¹⁰ Unsterblich ist,
wer im Wesen west
und an keiner Gestalt haftet.

53
Echte Bildung kennt kein eigensüchtiges Wirken

¹ Wahre Bildung ist Herzensgehorsam
dem Unergründlichen gegenüber.
² Nichts fürchte ich mehr als Betriebsamkeit.
³ Ins Unergründliche führt unmittelbar
der innere Weg;
doch die Menschen lieben ihre Eigenpfade:
⁴ Eigensucht ist es,
wenn die Herrscher in glänzenden Schlössern leben,
während die Felder der Bauern verwüstet sind,
und die Scheunen leer bleiben.
⁵ Eigensucht ist es,
mit Kleidern zu protzen,
mit Schmuck zu prunken,
mit Waffen zu prangen,
bei Essen und Trinken zu prassen
und Schätze zu horten.

⁶ Diebstahl ist alles,
was auf Kosten anderer geht;
es ist nicht im Sinn der letzten Wirklichkeit.

54
Das Ordnungsgefüge der Lebensgemeinschaften

¹ Was gut verwurzelt ist, wird nicht entwurzelt,
² Was gut geführt wird, wird nicht verführt.
³ Was in der Kinder und Enkel Gedächtnis lebt,
wird nicht untergehen.

⁴ Wer dem wirkenden Selbst in sich gehorcht,
der lebt echt.
⁵ Wer es in der Familie beachtet,
dem wird des Lebens Fülle.
⁶ Wer es in der Gemeinde beachtet,
lernt Beständigkeit.
⁷ Wer es im Volk beachtet, erkennt,
dass es auf die innere Mächtigkeit ankommt.
⁸ Wer es in der Menschheit beachtet,
findet es als das Allumfassende.

Darum:
⁹ Nach Deiner eigenen Reife erkenne die andern.
¹⁰ Nach der Reife Deiner Familie
miss die andern Familien.
¹¹ Deine Gemeinde sei der Maßstab
für die andern Gemeinden.
¹² An Deinem Volk miss die andern Völker.
¹³ Nach Deiner Menschlichkeit beurteile die Menschheit.

¹⁴ Wodurch erkenne ich
dieses Ordnungsgesetz in der Welt?
¹⁵ Durch es selber.

55

**Das Kind —
Vorbild der Selbstordnung des Lebens**

¹ Wer aus seines Ursprungs Fülle lebt,
der gleicht dem neugeborenen Kinde.
² Giftige Nattern beissen es nicht,
wildes Getier zerreisst es nicht,
Raubvogel-Fänge erstossen es nicht.
³ Weich sind noch seine Knochen
und die Muskeln zart,
doch schon fest ist sein Griff.
⁴ Es ist sich der Geschlechter noch nicht bewusst
und hat doch Geschlecht,
und seines Geschlechtes Keimkräfte ruhen in ihm.
⁵ Es kann den ganzen Tag schreien
und wird doch nicht heiser:
Vollendeter Einklang!
⁶ Die zum Einklang drängende Kraft des Lebens
erkennen, heisst: sein Unvergängliches finden;
dieses finden, heisst: erleuchtet sein.
⁷ Sich so von der Ganzheit des Lebens
durchdringen lassen,
das gibt Segen.
⁸ Eigenwillig aber seines Lebens Kräfte
zur Erhöhung des Genusses zu verwenden,
scheint zwar von Stärke zu zeugen;
ist aber Täuschung.
⁹ Alles eigenwillige Handeln ist widersinnig.
¹⁰ Was nicht echt ist, das zerfällt.

56
Die stillordnende Kraft des Weisen

1 Wer erkennt, schweigt.
  Wer schwätzt, erkennt nicht.
2 Der Weise schweigt.
  Er kehrt sich nach innen.
3 Er mildert das Scharfe,
  klärt das Wirre,
  dämpft das Grelle,
  macht sich eins mit dem Unscheinbaren.
4 So wird er des Letzten inne
  und findet das grosse Einssein.
5 Er hält sich frei von Zuneigung und Abneigung,
  fragt nicht nach Gewinn oder Verlust,
  steht über der Ehre und der Schande.
6 Darum ist ihm wirklich Adel eigen.

57
Nichtwirkenwollen — Grundgesetz jeder Staatsführung

1 Durch Unbestechlichkeit
  fördert man des Landes Verwaltung,
2 mit Klugheit
  führt man ein Heer,
3 mit Nichtwollen aber
  gewinnt man ein Reich.
4 Woher weiss ich, dass es so ist?
  Es ergibt sich von selbst.
5 Ein Volk wird arm,
  in dem Verbote
  Worte und Handlungen bestimmen.

⁶ Jede Ordnung löst sich auf,
wenn die Menschen
nur ihr eigenes Wohlergehen suchen.
⁷ Umsturz bereitet sich vor,
wenn die Menschen
berechnend und absonderlich werden.
⁸ Diebe und Räuber wird es geben,
wenn man mit Gesetzen und Befehlen
glaubt Ordnung schaffen zu müssen.

Daher sagt der Weise:
⁹ Ich wirke nicht,
so entfaltet sich das Leben
in der Gemeinschaft von selbst.
¹⁰ Ich bleibe in der Stille,
so wird das Volk von selber recht.
¹¹ Ich greife nicht in die Wirtschaft ein,
so blüht das Volk von selber auf.
¹² Ich bin ohne Begehr,
so wird das Volk von selbst gesunden.

58
Das Geheimnis gegensätzlichen Werdens

¹ Eine Verwaltung, die man nicht merkt,
macht das Volk froh.
² Eine Verwaltung, die alles bestimmen will,
macht das Volk schlecht.
³ Glück ruht auf Leid.
Leid harrt im Glück.
Wer weiss, was eintreffen wird?
⁴ Ordnung führt zu Unordnung.
Gutes verkehrt sich in Schlechtes.

⁵ Der Mensch erkennt in seiner Verblendung
nicht den Wechsel aller Dinge.

⁶ Der Weise ist:
rechtwinklig von Art —
doch stösst nicht an,
unantastbar —
doch nicht unnahbar,
offen und gerade —
doch nicht verletzend,
leuchtend —
doch nicht blendend.

59
Staatssicherung durch geordnetes Planen

¹ Wer die Menschen im Einklang mit den Ordnungen
des Alls führt, der weiss
um die Notwendigkeit fürsorglichen Mühens.
² Weitsichtige Fürsorge zwingt zu kluger Planung.
³ Kluge Planung stärkt die selbstwirkenden Kräfte.
⁴ Wer diese Kräfte vermehrt, ist jeder Lage gewachsen.
⁵ Wer jeder Lage gewachsen ist,
kann in seinen Wirkungsmöglichkeiten
nicht erfasst werden.
⁶ Wer mehr Kräfte besitzt, als er zeigt,
der kann ein Reich führen.
⁷ Wer so sein Reich
nach den grossen Ordnungen führt,
wird nicht versagen:
⁸ Er gründet tief und ist festgefügt,
er handelt, das Wesentliche schauend,
im Sinn des Unergründlichen.

60
Sorgfalt und Lebensgehorsam in der Staatsführung

[1] So sorgfältig wie man kleine Fische brät,
muss man ein grosses Reich regieren.
[2] Wenn ein Reich
im Geist des Unergründlichen regiert wird,
dann spuken keine finsteren Gewalten.
[3] Nicht nur spuken keine finsteren Gewalten,
es geistern auch keine Unsichtbaren.
[4] Nicht dass beide nicht mehr vorhanden wären,
sondern sie können nicht mehr
störend wirksam werden — so wenig,
wie je ein Weiser störend wirksam sein kann.
[5] Wenn die finsteren Gewalten
und die unsichtbaren Geister
nicht mehr wirksam werden können,
dann können sich die besten Kräfte
im Menschen entfalten.

61
Gegenseitige Hilfsbereitschaft der Staaten

[1] Ein grosses Reich
soll wie ein tiefes Talbecken sein
(in das die Flüsse strömen):
    Heimat der Völker,
    Mutter der kleinen Länder.
[2] So wie im Menschenleben
das Weibliche immer das Männliche
durch seine Empfänglichkeit
und sein Sichfügen bändigt,

³ bändigt im Staatsleben immer der Staat den andern,
der für den andern empfänglich ist.
⁴ Empfänglichkeit ist immer Ueberlegensein,
gleichgültig, ob der Staat gross oder klein ist.
⁵ Wenn der grosse Staat nichts will,
als nur alles zu einen und zu fördern,
⁶ und der kleine Staat,
ebenso alles fördern wollend,
auch nur das Gesamtwohl sieht,
⁷ so gewinnen in dieser ständigen Bereitschaft
füreinander beide Mächte.
⁸ Wahre Grösse offenbart sich immer und überall
nur in tiefer Empfänglichkeit und gütiger Hilfe.

62
Wiedereinfügung der aus der Gemeinschaft Gelösten

¹ Das Unergründliche ist die Heimat aller Wesen,
es ist der Hort der Guten
und der Zufluchtsort der Nichtguten.
² Man mag fromme und schöne Worte gebrauchen,
doch nur edle Taten helfen dem Menschen
zu seiner Vollendung.
³ Ist es aber edel,
einen «schlechten» Menschen zu verwerfen?
⁴ Wozu wurde der Herrscher
mit seinen Staatsmännern eingesetzt?
⁵ Des Kaisers Würde und der Staatsmänner Pracht
kommen nicht der beharrlichen Mühe gleich,
den Geist des Unergründlichen zu verwirklichen.
⁶ Warum hielten denn die Alten
so verehrend am Unergründlichen fest?

⁷ Ist es nicht, weil jeder, der nach ihm strebt,
das Unvergängliche findet;
⁸ ist es nicht, weil jedem Irrenden
Heilung und Heil werden soll?
⁹ Darum ist das Unergründliche
des Lebens höchstes Gut.

63
Aufgabenmeisterung
durch rechtzeitiges Erkennen der Schwierigkeiten

¹ Wirkt durch Nichtwirken!
Handelt durch Nichthandeln!
² Findet Geschmack an dem,
was keinen Genuss birgt!
³ Sehet das Grosse im Kleinen,
das Viele im Wenigen!
⁴ Begegnet dem Hass
mit der innerlichsten Kraft eurer Herzen!
⁵ Erkennet das Schwierige,
ehe es schwierig ist!
⁶ Lasst Grosses werden,
indem ihr das Kleine achtet!
⁷ Alles Schwierige auf Erden beginnt einfach,
alles Grosse beginnt klein.
⁸ So kümmert sich auch der Weise nicht um sein Heil,
darum findet er es.
⁹ Wer leichtfertig verspricht,
ist nicht glaubwürdig.
¹⁰ Wer leichtfertig handelt,
dem erwachsen Schwierigkeiten.
¹¹ Der Weise erkennt rechtzeitig die Schwierigkeiten,
darum vermag er alles zu meistern.

64
Lebensmeisterung
durch Beachten der Lebensgesetze

1. Was noch verharrt,
   kann leicht festgehalten werden.
2. Was noch nichts gilt,
   kann leicht beeinflusst werden.
3. Was noch schwach ist,
   kann leicht gebrochen werden.
4. Was noch federleicht ist,
   kann leicht verweht werden.
5. Bevor etwas wird,
   muss man auf es wirken.
6. Bevor etwas verwirrt ist,
   muss man es ordnen.
7. Jeder Riese unter den Bäumen
   hatte einmal ein einziges Wurzelhaar.
8. Auch ein neunstöckiger Bau
   erstand auf einer Scholle.
9. Eine Reise von tausend Meilen
   beginnt mit einem ersten Schritt.
10. Wer etwas (wider die Gesetze des Lebens)
    erreichen will, der muss scheitern.
11. Wer etwas mit Gewalt gewinnen will,
    der muss es verlieren.
12. Daher ist der Weise nicht eigenwillig,
    und daher scheitert er auch nicht.
13. Er reisst nichts an sich,
    daher verliert er nichts.
14. Die andern scheitern oft kurz vor dem Ziel,
    weil sie nicht auf die rechte Stunde
    warten können.

¹⁵ Würden sie Anfang u n d Ende bedenken,
   würde es ihnen auch gelingen.
¹⁶ Darum erstrebt der Weise die Wunschlosigkeit;
   er erstrebt nichts,
   was andern erstrebenswert erscheint.
¹⁷ Ihm bedeutet Verstandeswissen nichts.
¹⁸ Was nicht beachtet wird,
   beachtet er.
¹⁹ So erwirkt er des Lebens Ordnung
   in sich und andern
   und stört niemals
   die Entwicklung aus sich selbst.

65

**Der Segen der Herzensbildung
und die Gefährlichkeit der Scheinbildung**

¹ Die Alten, im Unergründlichen wurzelnd,
  (wussten um das Wesen der echten Bildung,
  darum) gaben (sie)
  dem Volke Herzens- und nicht Verstandesbildung.
² Für eine Staatsführung gibt es
  nichts Gefährlicheres
  als ein aufgeklärt erscheinendes Volk.
³ Einen Staat mit aufgeklärten Massen
  lenken zu wollen,
  führt zu Unheil.
⁴ Segen wird nur,
  wo man auf Scheinwissen verzichtet.
⁵ Wer dies beachtet, handelt vorbildlich.

⁶ Solch vorbildliches Wirken
  lässt einen stets auf dem rechten Wege sein.
⁷ Denn es weiss um die geheimnisvolle Macht
  aller selbstwirkenden Kräfte,
  die den Massen immer fremd bleiben.
⁸ Der Gehorsam aber
  gegenüber den selbstwirkenden Kräften
  bewirkt der Welt Ordnung.

66

Nichtwollen
Voraussetzung wahren Herrschertums

¹ Ströme und Seen beherrschen die Täler,
  weil sie deren Grund einnehmen.
² Aus dem Urgrund zu wirken,
  ist Voraussetzung jeglichen Herrschertums.
³ Darum wird der weise Herrscher,
  wenn er wirklich über dem Volk stehen will,
  sich in seinen Worten bescheiden beugen,
  wenn er führen will,
  sein Ich verleugnen.
⁴ So herrscht er wahrhaft,
  und das Volk wird nicht bedrückt;
  er herrscht,
  ohne dass das Volk sich beeinträchtigt fühlt.
⁵ Alles folgt ihm gern und erhöht ihn;
  jeder fühlt sich geborgen und frei.
⁶ Nichts wollend,
  will auch niemand auf der Welt etwas von ihm.

67
Die Wirksamkeit der sittlichen Grundwerte für die Gemeinschaft

¹ Die Menschen sagen, ich sei gross —
als ob ich etwas Besonderes wäre!
² Nur der ist gross,
dem seine Grösse nichts bedeutet.
³ Wer vor andern gross sein will,
ist sicher klein.
⁴ Drei Werte habe ich, die mir heilig sind:
    der erste heisst: Güte,
    der zweite: Genügsamkeit,
    der dritte: Bescheidenheit.
⁵ Güte gibt Kraft,
Genügsamkeit gibt der Enge Weite,
Bescheidenheit lässt einen zum Gefäss werden
    für das Wirken der ewigen Kräfte.
⁶ Heute ist es meist so:
    Man kennt keine Güte mehr
    und glaubt dennoch Kraft haben zu können.
    Man besitzt keine Genügsamkeit mehr,
    sondern kennt nur Ansprüche.
    Man kann nicht mehr bescheiden zurücktreten,
    sondern giert nach Erfolg.
    Das aber führt zum Zerfall.
⁷ Wer wahrhaft gütig ist,
siegt im Kampf und ist unüberwindlich,
wenn der Feind drängt;
    ihn segnet der Himmel auch durch Güte.

68
Herzgewirktes Tun wirkt Frieden

1. Ein wirklicher Fachmann überzeugt,
   aber streitet nicht.
2. Ein guter Soldat kämpft,
   aber wütet nicht.
3. Ein wahrer Sieger ist überlegen,
   aber reizt nicht.
4. Ein rechter Menschenführer
   stellt die Menschen auf den richtigen Platz,
   aber beherrscht sie nicht.
5. Solch herzgewirktes Tun wirkt Frieden.
6. Es enthält die hohe Kunst der Menschenführung.
7. Es ist ein Wirken im Sinn des Himmels.
8. Solches Tun gilt seit Vorzeiten als höchstes.

69
Siege durch kluges Sichbescheiden

1. Wer seinen Gegner gewinnen will,
   der spiele in Feindesland nicht den Hausherrn,
   sondern betrage sich wie ein Gast.
2. Er weiche lieber einen Fuss zurück,
   als dass er einen Zoll vorrücke.
3. So kommt er voran, ohne zu marschieren.
4. So kann er zurückweisen, ohne zu drohen.
5. So kann er vordringen, ohne zu kämpfen.
6. So kann er Besitz ergreifen,
   ohne die Waffen zu gebrauchen.
7. Es gibt kein grösseres Uebel,
   als den Feind zu unterschätzen.

⁸ Wer den Feind leicht nimmt,
  verliert seine Schätze.
⁹ Sind die Heere gleich stark,
  siegt der besonnenere Feldherr.

70

Geringe Zahl der Berufenen

¹ Das Wahre ist einfach zu verstehen
  und leicht zu befolgen,
  und doch hört es keiner
  und befolgt es niemand.
² Wort und Werk wollen aus dem Urgrund aufsteigen.
³ Wer dies nicht erkennt, erkennt auch
  das Unergründliche in meiner Lehre nicht.
⁴ Immer verstehen nur wenige das Tiefste,
  darin liegt auch meine Würde.
⁵ Der Weise trägt nach aussen
  ein unscheinbares Gewand,
  doch birgt er in seinem Inneren edelsten Schmuck.

71

Freiheit vom Bildungswahn

¹ Wer um sein Nichtwissen weiss,
  aus dem leuchtet der Adel des Geistes;
  wer darum nicht weiss,
  ist in Wahn verstrickt.
² Nicht verfällt der dem Wahn,
  der den Wahn als solchen erkennt.
³ Der Weise ist frei von allem Wahn.
⁴ Seinen Wahn als Wahn erkannt habend,
  ist er ohne Wahn.

72
Die Wechselwirkung alles Geschehens

¹ Wenn die Menschen das Grauen nicht fürchten,
überfällt sie das Grauen.
² Aber man trage das Grauen nicht in ihre Heimstatt
und mache ihnen das Leben nicht verdriesslich.
³ Nie werden sie verdriesslich,
wenn man ihnen das Leben nicht vergällt.
⁴ Obwohl der Weise seinen Wert kennt,
trägt er ihn nicht zur Schau.
⁵ Obwohl er um seine Würde weiss,
beansprucht er keine Ehre.
⁶ Er weiss zwar um seine Möglichkeiten,
bleibt aber in seinen Grenzen.

73
Höchste Sittlichkeit
Wegweiser bei jedem Zweifel

¹ Wer mutig wagt, der wagt auch zu töten.
² Wer mutig genug ist,
(in den Augen der andern) feig zu gelten,
der wagt auch ein Leben zu erhalten.
³ Töten und lebenlassen —
beides ist manchmal gut, manchmal schlecht.
⁴ Wer wagt zu wissen, welches Urteil
von den ewigen Mächten anerkannt wird?
⁵ Der Weise weiss es nicht.
(Im Zweifel erinnert er sich
des Wirkens des Unergründlichen.)

⁶ Das Unergründliche aber offenbart sich immer so:
⁷ es setzt sich durch — ohne Gewalt,
⁸ es gebietet — ohne Befehl,
⁹ es lockt — doch drängt nicht auf,
¹⁰ es wirkt zielbewusst — doch ohne Absicht.
¹¹ Es ist ein Netz, weitmaschig zwar,
doch nichts durchlassend.

74

Vom Gericht über Leben und Tod

¹ Wenn das Volk den Tod nicht fürchtet,
wer wollte es dann mit Todesfurcht regieren?
² Fürchtet es den Tod,
und es wird dennoch ein abscheuliches Verbrechen
begangen, wer getraute sich dann zu töten?
³ Es findet sich immer ein Gerichtsherr,
der Todesurteile fällt und vollstreckt.
⁴ Wer aber sich selbst
zum Richter über Leben und Tod macht,
der gleicht einem, der,
an Stelle des Zimmermeisters die Axt benutzend,
sich nur zu leicht selbst in die Hand haut.

75

Die Ursachen politischer Unruhen

¹ Das Volk leidet,
wenn die Herrschenden es aussaugen,
daher seine Not.
² Das Volk grollt,
wenn es die Herrschenden nicht in Ruhe lassen,
daher seine Widerspenstigkeit.

³ Das Volk wird gleichgültig gegenüber dem Tod,
  wenn sich die Herrschenden als Herren des Lebens
  aufspielen,
  daher der Lebensüberdruss.
⁴ Doch der ist weiser, der nicht am Leben hängt,
  als der, der am Leben haftet.

76
Die Wirkungskraft des Lebendigen

¹ Weich und zart ist der Mensch bei seiner Geburt,
  starr und knöchern, wenn er stirbt.
² Fein und biegsam sind die Pflanzen,
  wenn sie entstehen,
  hart und saftlos, wenn sie absterben.
³ Starr und hart ist, was dem Tod anheimfällt,
  weich und zart ist, was vom Leben erfüllt ist.
⁴ Wer glaubt, nur durch Waffen stark sein zu können,
  wird nicht siegen;
  mächtig scheinende Bäume sind immer am Ende.
⁵ Daher gilt:
    Was gross und mächtig scheint,
    ist schon auf dem Weg zum Zerfall,
    was aber unscheinbar, zart und weich ist,
    das wächst.

77
Selbstloses Tun schafft echten Ausgleich

¹ Des Himmels Wirken gleicht dem Spannen
    des Bogens:
  es macht das Hohe niedrig
  und das Niedrige hoch;

      es nimmt, wo zuviel ist,
      fügt hinzu, wo zu wenig ist.
2 Immer ist des Himmels Wirken so:
      Er nimmt aus der Fülle
      und gibt sich der Leere.
3 Menschen handeln anders:
      sie nehmen, wo schon wenig ist,
      und fügen hinzu, wo schon viel ist.
4 Wer im Unergründlichen gründet,
      schenkt der Gemeinschaft aus seiner Fülle.
5 Daher wirkt der Weise,
      ohne etwas für sich zu beanspruchen,
      und ohne an seinem Werk zu haften.
6 Er will nichts sein
      und nichts haben.

78

Die Grösse sittlich-religiöser Tragkraft

1 Es gibt in der Welt nichts,
      was sich mehr seinem Grunde einfügt
      und weicher ist als Wasser,
      zugleich nichts,
      was stärker ist
      und selbst das Härteste besiegt;
      es ist unvergleichbar und unbezwingbar.
2 Dass das Schwache das Starke
      und das Weiche das Harte besiegt,
      weiss zwar jedermann,
      doch niemand lebt und wirkt darnach.

³ Nur der Weise erkennt als wahr:
«Wer bei den Erdopfern
den Staub des Landes auf sich nimmt,
der ist der Herr des Erdaltars.
⁴ Wer des Reiches Schuld und Unglück auf sich nimmt,
der ist des Reiches Herr.»
⁵ Unangenehme Wahrheiten sind dies!

79
Lebensgehorsam zeigt sich in Pflichterfüllung

¹ Was hilft es, wenn grosser Hass verschwunden ist,
kleiner aber bleibt?
² Der Weise kennt daher bei einem Vertrag
nur seine Pflichten, nie fordert er sein Recht.
³ Wer seinem Innersten vertraut,
denkt nur an seine Verpflichtungen
und pocht nie auf sein Recht.
⁴ Die ewigen Mächte bevorzugen niemanden,
sie segnen aber stets den Besten.

80
Vom Eigenrecht des kleinsten Staates

¹ Ist ein Land auch klein
und hat es nur wenige Bewohner, was liegt daran?
² Und hätte es nur Ausrüstung
für zehn bis hundert Mann,
die ihre Waffen nicht einmal benutzten,
man lasse seine Bewohner in Ruhe leben,
man lasse sie auf ihrer Scholle sitzen.
³ Und benützten sie ihre Schiffe
und Streitwagen nicht und würden sie nie

ihre Waffen und Rüstungen gebrauchen, man lasse sie
ruhig zum Brauchtum ihrer Väter zurückkehren.
⁴ Sie sind zufrieden mit ihrer Nahrung,
freuen sich an ihrer Tracht,
finden ihre Behausung schön,
Sitte und Recht erscheinen ihnen in Ordnung.
⁵ Und wenn die Grenzen der Nachbargebiete
so nahe wären, dass Hahnenschrei und Hundegebell
von hüben und drüben gehört werden könnten,
man lasse sie fröhlich leben,
zufrieden altern,
ruhig sterben,
doch zwinge man sie nicht, ihre Freiheit aufzugeben!

81
Alles Wesentliche vollendet sich im Alltag

¹ Wahre Worte schmeicheln nicht.
Schöne Worte überzeugen nicht.
² Echte Menschen blenden nicht.
Blender sind nicht echt und wahr.
³ Weise Menschen sind keine Vielwisser.
Vielwisser sind keine Weisen.
⁴ Wer den Weg der Vollendung geht,
sammelt keine Schätze;
ihm ist Besitz,
was er für andere tut;
je mehr er sich verschenkt,
desto mehr wird ihm.
⁵ Wie aus dem Unergründlichen
das Leben quillt, ohne zu schaden,
so wirkt der Weise,
ohne zu verletzen.

B. EINFÜHRUNG IN LAO-TSES TAO-TE-KING

*„An dem Eingang der Bahn
liegt die Unendlichkeit offen,
doch mit dem engesten Kreis
höret der Weiseste auf."*

Friedrich Schiller

I. Lao-Tse und seine Zeit

1. Die geschichtliche Situation

Im zweiten Jahrtausend vor unserer Zeitrechnung (1767 bis 1122 v. Chr.) regierten in China die Hia- und die Schangdynastie. Beide beherrschten die nordwestchinesische Tiefebene zwischen dem Jang-tse-kiang und dem Hoang-ho. Es waren hierarchische Feudalstaaten, die eine hochentwickelte Bronzekultur besassen. Ein ausgezeichnetes Verwaltungssystem und die Entstehung der chinesischen Bilderschrift sind für diese Schang-Zeit nachgewiesen. Das religiöse Leben war möglicherweise noch stark von mutterrechtlichen Vorstellungen bestimmt.

Zu Anfang des 12. Jahrhunderts v. Chr. übernahm die alttürkische Dynastie der Chou für fast 900 Jahre (bis 256 v. Chr.) die Herrschaft Chinas. Der Machtbereich ihrer 37 Könige umfasste etwa das heutige Mittelchina zwischen Hoang-ho, Wei und Jang-tse-kiang; es ist etwa das Gebiet zwischen Peking, Tschung-king und Shanghai. Die Choukaiser haben im ersten halben Jahrtausend ihrer Herrschaft Grundlegendes für den chinesischen Gesellschaftsaufbau und die geistig-religiöse Erziehung geleistet. In ihrer Zeit setzte sich der Ahnenkult völlig durch und die Sippe wurde zur politischen Grundlage des Staates. Die vorwiegend im Dienst der Ahnenverehrung stehende Kunst zeigte in Technik und Formreife in den bronzenen Kultgefässen, aber auch in den Yade- und Elfenbeinarbeiten höchste Vollendung. Grosses leisteten die Herrscher auch für die Landwirtschaft (Reis- und Weizenanbau) und die Viehzucht (Zucht der Wasserbüffel).

Im 7. Jahrhundert v. Chr. zerfiel aber das Reich infolge schwacher Kaiser. Die Fürsten machten sich selbständig und bildeten eigene Regierungen. Innenpolitische Kämpfe führten zu einem politischen und kulturellen Chaos; die Sitten lockerten sich, und selbst die Familienbande schienen zu zerreissen. In dieser chaotischen Zeit lebte Lao-Tse.

2. Lao-Tses Leben

Lao-Tse (auch Lau-Tsï oder Lau-Dsi geschrieben) wurde nach dem Shi-king in K'üh-jen im Kreise Ku, dem heutigen Lujih in Osthonan, nach dem San-tse-kiang, der chinesischen Fibel, in der von den Choukaisern gegründeten Stadt Po im dritten Jahr der Regierungszeit des Kaisers Ting-Wang, also im Jahre 604 v. Chr., geboren.

Er trug den häufig vorkommenden Familiennamen Li (d. h. Pflaume), den Vornamen Er oder Erl (d. h. Ohr), führte später den Beinamen Po-Yang (d. h. Graf Sonne) und wurde nach seinem Tode Lao-Tan genannt, wobei Lao (nach Rousselle) möglicherweise der Name des mutterrechtlichen Sippenverbandes war und Tan uns entweder einen Hinweis auf ein besonderes körperliches Merkmal gibt (es bedeutet: Ohr mit herabhängenden Läppchen), oder aber ein Sinnbild für seinen Lebensgehorsam und seine Weisheit war (das grosse Ohr deutet auf die grosse Bereitschaft seines Besitzers, auf das kaum Wahrnehmbare zu lauschen). Lao-Tse wurde sein späterer Philosophenname; es heisst einfach «der Alte» im Sinn des weisen Alten oder des alten Meisters.

Er stammte, wie aus der Art seiner Bilder und Gleichnisse geschlossen werden kann, vermutlich aus einer Bauernfamilie und wurde hoher Staatsbeamter. Als kaiserlicher Geschichtsschreiber und priesterlicher Archivar im Ahnentempel der Choukaiser (in deren Residenz Lo-Yang bzw. Ho-nan-fü) hatte er sich eine umfassende Kenntnis der altchinesischen Geschichte, Philosophie, Volksreligion und Sitte erworben. Intensiv studierte er — wie ein halbes Jahrhundert später K'ung-Tse (Confucius) — die Ursachen des politischen und kulturellen Zerfalls. Während aber Confucius später den Versuch machte, ein politisch-ethisches Programm für einen neuen Staatsaufbau zu schaffen und dabei die Tugenden des chinesischen Bürgers zu den von jedem Einzelnen erreichbaren Grundtugenden des chinesischen Volkes erhob, ging Lao-Tse als religiös viel tiefgründigerer Mensch einen anderen Weg. Er sah die Wurzeln des politisch-kulturellen Versagens in einem menschlichen Versagen der Herrscher und Erzieher. Weil diese nicht mehr in Uebereinstimmung mit den kosmischen Gesetzen lebten, konnten sie auch keine echten Menschenführer mehr sein. Lao-Tse kam zu der Ueberzeugung, dass jedes politische und kulturelle Chaos nur vom Menschen her überwunden werden kann. Darum wollte er nach den Wegen suchen, auf denen der Mensch wieder in die grosse Harmonie mit dem Weltenurgrund gelangen kann. Confucius, der Lao-Tse im Jahre 518 v. Chr. wegen dessen grosser Gelehrsamkeit und vielgerühmter Weisheit in Lo-Yang aufgesucht haben soll, soll sich selbst als zu klein bezeichnet haben, um die Tiefe seiner Gedanken und die Hoheit seiner Lehre zu erfassen; in Ehrfurcht und Schauder habe er ihn wieder verlassen. Diese Begegnung mag eine Legende sein, sicher aber dürfte sein, was der chinesische Geschichtsschreiber Sze-ma Chi'en von Lao-Tse sagt, dass es nämlich sein Streben gewesen sei, «sich selbst zu verbergen und ohne Namen zu bleiben». Lao-Tse scheint schon in seinen mittleren Lebensjahren seine hohe Staatsstellung aufgegeben zu haben, ein «Stiller im Lande» geworden zu sein, keine Jünger gesucht und viele Jahre in einer einsamen Waldhütte gelebt zu haben. Er soll gegen das Ende seines Lebens im Westen über die Grenze des chinesischen Reiches gegangen sein. Beim Uebertritt über den Grenzpass Han Gu habe ihn der Grenzbefehlshaber Yin-Hsi erkannt und gebeten, seine Weisheit niederzuschreiben, ehe er das Land verlasse. Lao-Tse habe diesen Wunsch erfüllt und das heilige Buch vom Tao und vom Te geschrieben. Wann und wo er starb, ist unbekannt geblieben; er dürfte im 8. oder 9. Lebensjahrzehnt gestanden haben, als er das Reich verliess.

An der Geschichtlichkeit des Lao-Tse ist nicht zu zweifeln, zumal auch der sehr zuverlässige Sze-ma Ch'ien im Shi-king (Kapitel 63) die Nachkommen Lao-Tses mit Namen aufführt. Im Jahre 666 erhob Kaiser Kau-tsung Lao-Tse zur «Grossobersten Majestät des dunklen Urgrundes».

3. Die Legende

Im Laufe der Jahrhunderte, insbesondere als seine Lehre im Taoismus völlig verzerrt und phantastisch ausgeweitet wurde, entstanden viele Legenden über ihn.

Die ältesten Legenden berichten, dass ein Sonnenstrahl oder eine Sternenschnuppe in eine jungfräuliche Bauerntochter eingegangen sei, oder dass diese eine goldene Kugel in sich aufgenommen habe. Die Jungfrau habe dann nach 81 Jahren Schwangerschaft unter einem Pflaumenbaum aus ihrer linken Seite ein Kind geboren. Dieses habe eine goldene Gesichtsfarbe gehabt und schneeweisse Haare, habe wie ein Greis ausgesehen, mit viel Weisheitsfurchen auf der Stirn, sofort sprechen können und sei so klug gewesen wie ein alter Weiser. Man habe es daher Lao-Tse, den Alten, genannt.

Nach der Legende soll Lao-Tse schon viel früher, nämlich zu Beginn der Chouzeit unter Ch'eng-Wang (1115—1078 v. Chr.) geboren worden sein. Er habe viele Länder durchwandert, sei in Syrien, Parthien und Indien gewesen, habe dort als Buddha gelebt, insgesamt 930 Schriften verfasst und sei schliesslich gen Himmel gefahren. Wir sehen also, dass sich um sein Leben ebenso phantastische Erzählungen rankten wie um das der übrigen grossen religiösen Gestalten.

4. Das geistig-religiöse Erbe

Die altchinesische Philosophie war von dem Gedanken der Gesamtharmonie des Alls durchdrungen. Die grossen Grundgesetze des Seins galten daher im Kosmos ebenso wie im Menschenleben. Die Ordnungskraft des Alls schuf auch das Ordnungsgefüge im Menschen; ordnungswidriges Verhalten des Menschen wirkte sich auch im Kosmos aus. Die alle Naturordnung wirkende Urkraft wurde T a o genannt. Aus dem Tao gingen nach dem I-Ging (Jih-king), dem ältesten Klassiker Chinas, als die weltschaffenden und gestaltwirkenden Potenzen Y a n g (das himmlische, lichte, warme, männliche) und Y i n (das irdische, dunkle, kalte und weibliche Prinzip) hervor. Aus diesen beiden entstanden alle

Gestalten und Naturzustände. Teilweise wurde auch der M e n s c h , als der Träger dieser beiden Gegebenheiten, als eine weltaufbauende Potenz, als das dritte schöpferische Prinzip, betrachtet. In jedem Menschen sind Yang und Yin (der animus und die anima der Jung'schen Psychologie) wirksam.

Wesentlich ist, dass nicht Götter, sondern K r ä f t e von den alten Chinesen als die wirkenden Mächte erkannt worden waren. Wenn das Volk auch das himmlische Prinzip zum Himmelsgotte Ti und das irdische zu Heu-tu personifizierte, so hielten sich die Philosophen doch von diesen Bedürfnissen des Volksglaubens fern. Für sie gab es keine Götter, keine Gottesfrage, keinen Gotteskult. Damit war jeder religiösen Spekulation in der geistigen Führerschicht Chinas der Boden entzogen.

Auch das Volk verehrte die wirkenden Lebensmächte, wenn es dieselben auch zu anschaulichen Wesenheiten personifizierte. Es verehrte den Himmelsgott als den Spender alles Guten. Sonne, Mond und Sterne, die Planeten, Tierkreiszeichen und atmosphärischen Kräfte wurden zu himmlischen «Geistern». (Wir erinnern uns dabei der feinen Ausdeutung des I-Ging: «Geist bedeutet das, was allen Dingen ihr Wunderbares verleiht.») Die geheimnisvollen Kräfte, die Berge und Täler, Quellen und Flüsse, Jahreszeiten und Klimate entstehen lassen, wurden ebenso verehrt wie die grossen Kaiser und Heroen, die genialen Dichter und Erfinder. So wurden Fo-hi als Erfinder der Schrift und Vater der Wissenschaft, Yeu-ti als Erfinder des Pflugs und der Egge und Vater der Landwirtschaft, Huang-ti als Erfinder des Spinnens und Webens und der kultivierten Gesellschaftsformen hoch verehrt. Huang-ti, der als der erste grosse chinesische Kulturschöpfer an der Wende von der Stein- zur Bronzezeit auftritt, scheint für Lao-Tse von besonderer Bedeutung gewesen zu sein; denn nach der Ueberlieferung hatte er sein Buch zuerst H u a n g - L a o - Y e n (d. h. Worte Huang-tis und Lao-Tses) genannt. Das Volk schuf sich darüber hinaus für alle Lagen des Alltags noch seine Schutzgeister, erhob auch die verstorbenen Ahnen zu Geistern und glaubte, dass auch zwischen diesen ein ebensolches Ringen sei wie im All zwischen dem Lichten und dem Dunklen. Es nannte die himmlischen Geister Shen, die irdischen Ch'i und die menschlichen Kuei; später wurden dann die Shen zu den guten und lichten, die Kuei zu den bösen Geistern.

Neben der Verehrung Taos und aller schöpferischen Kräfte und Lebensmächte stand als dritte Säule altchinesischen Frommseins die Verehrung der A h n e n. Der Ahnenkult fusste auf dem Glauben, dass, wenn auch alles übrige vom Himmel abstamme, der Mensch in jedem Falle von seinen Vorfahren abstamme und für die Gestaltung der Erde seine besondere Aufgabe habe. Weil die Ahnen die Spender des Lebens waren, galten sie als heilig. Von ihrem Segen hing das Wohl der Lebenden ab, von der Fürsorge der Lebenden für die Toten aber auch deren Wohl. So wurde die Familie eine ganz grosse Lebensgemeinschaft der verstorbenen Ahnen und der Lebenden; das Reich der Toten gehörte zum Reich der Lebenden. Jede Generation war nur eine weitere Offenbarung des ewig schöpferisch bleibenden Erbstromes der Ahnen.

Um den Himmel und um die Ahnen kreiste alles religiöse und geistige Leben der alten Chinesen. Höchstes Sinnbild dafür aber wurde der K a i s e r. Er war der Sohn des Himmels, der würdigste unter den Menschen, der Mittler zwischen Tao und allen Geistern, zwischen Tao und dem Volk.

Der religiöse K u l t war denkbar einfach. Es gab keinen Priesterstand, keine Tempel, nur einfache Ahnenhallen in den Häusern oder schlichte Gedenkstätten. Gebete und Opfer waren nur von Bitte und Dank bestimmt. Die Grösse der Opfer hing von der wirtschaftlichen Leistungsfähigkeit und der sozialen Lage ab. Wer keine Tiere züchtete, durfte keine opfern. Wer kein Land bebaute, durfte keine Feldfrüchte spenden. Wer keine Seidenraupen züchtete, durfte keine seidenen Kleider tragen. Einfach, würdevoll und frei von allen erotischen Beziehungen waren die Riten, sittlich sauber jeder religiöse Brauch.

Die Naturphilosophie und der religiöse Naturdienst, wie er sich in der Verehrung aller welt- und lebenschaffenden

Kräfte zeigte, hatten, wie alles in China, einen moralischen Hintergrund. Denn immer stand eines in China fest: der Mensch ist ein moralisches Wesen; alles Geistige und Religiöse offenbart und vollendet sich nur in der sittlichen Haltung des Menschen.

In diesen Vorstellungen war Lao-Tse aufgewachsen.

II. Das Tao-Te-King

1. Entstehung

Lao-Tses Werk, das Tao-Te-King, steht geisteswissenschaftlich auf dem Boden dieser eben gekennzeichneten altchinesischen naturgebundenen Philosophie und Lebensanschauung. Es atmet aber in jedem Wort den Geist seines Schöpfers, eines wahrhaft weisen Mannes, der wie selten einer reines Menschentum in sich vollendete und etwas davon wusste, dass sich im menschlichen Geiste alle wirkenden Kräfte zu kristallisieren vermögen, und dass nur der Mensch wahrhaft glücklich ist, der sein Leben im Einklang mit den grossen Lebensordnungen führt.

Ob das uns vorliegende Werk das von Lao-Tse selbst abgeschlossene Werk ist, wissen wir nicht. Sein Tao-Te-King stand nie unter staatlichem Schutz wie die als klassisch anerkannten Werke; auch die früh entstandenen Kommentare genossen nie jenen Schutz, den das Werk und die Kommentare des Confucius fanden. Es fiel deswegen zwar auch nicht der grossen Bücherverbrennung unter Chin-huang-ti, dem politischen Einiger Chinas im 3. Jahrhundert v. Chr., zum Opfer. Bei der hohen Ehrfurcht der Chinesen vor der Tradition, insbesondere vor philosophischen und literarischen Texten, dürfte jedoch nur wenig und kaum etwas Grundsätzliches an dem Werke Lao-Tses geändert worden sein. Das ist auch heute noch an der gedanklichen Geschlossenheit des Werkes erkennbar.

Nach F. A. E. Krause, dem Heidelberger Sinologen, muss der Text bereits im 5. Jahrhundert v. Chr. festgestanden haben. Auch die Altertümlichkeit der Sprache weist nach der übereinstimmenden Auffassung aller Forscher eindeutig in die Chou-Zeit zurück. Wörtliche Zitierungen aus dem Tao-Te-King finden sich sowohl bei Lieh-Tse, der vermutlich im

5. Jahrhundert v. Chr. lebte und 16 Kapitel zitiert, wie vor allem bei Chuang-Tse (Mitte des 4. Jahrhunderts v. Chr.), dessen Prosawerk ohne Kenntnis des ganzen Tao-Te-King kaum denkbar wäre. Gegen 60 Kapitel lassen sich als Zitate bei den verschiedensten chinesischen Philosophen, vor allem den taoistischen, bis zur Mitte des 2. Jahrhunderts v. Chr. nachweisen. Den Titel «Tao-Tê-King» (neuerdings auch Dau-Dö-Ging geschrieben) bekam Lao-Tses Werk jedoch erst durch den kaiserlichen Prinzen Han Ging Di (156—140 v. Chr.), dessen kaiserlicher Vater Han Wen Di seine Regierung ganz im Geiste Lao-Tses zu führen versucht hatte. Der älteste erhaltene Kommentar stammt von Wang Pih (226—249 n. Chr.).

2. Der Aufbau

Ein innerer Aufbau des Tao-Te-King ist schwer erkennbar. Die alte Ueberlieferung teilte das Werk in ein Buch vom Tao (Kapitel 1—37) und ein Buch vom Te (Kapitel 38—81). Der aufmerksame Leser erkennt die Willkür dieser Zweiteilung, denn vom Tao und vom Te wird in beiden Teilen gesprochen. Der Text war ursprünglich vielleicht gar nicht in besondere Kapitel aufgeteilt und mag vielleicht auch etwas anders angeordnet gewesen sein. Wir finden aber schon früh Aufgliederungen in 55, später in 64, dann in 68 und 72 und schliesslich in 81 Kapitel. Diese jetzt noch übliche Einteilung besteht seit mehr als zweitausend Jahren und geht nach Richard Wilhelm auf den chinesischen Kommentator Ho Schan Gung zurück, der im 2. vorchristlichen Jahrhundert gelebt zu haben scheint. Dem Bedürfnis des abendländischen Geistes, Inhalt, Form und Aufbau eines Werkes klaren, logischen Ordnungen zu unterwerfen, kommt das Werk also nicht ohne weiteres entgegen.

Der Aufbau des Werkes macht übrigens nur dem Abendländer besondere Schwierigkeiten. Die Gründe dafür liegen in folgendem: Für den Chinesen war die Wirklichkeit immer eine lebendige Ganzheit; alles war mit allem verwoben. Jede einzelne Gegebenheit im Sein war ein Tor zur Fülle aller Wirklichkeiten, auch ein Satz, auch ein Wort oder Bild. Alles Einzelne fand seinen Sinn nur im Zusammenhang mit dem Ganzen. Auch der Geist war nichts «Besonderes», auch die «logischen» Ordnungen durften nicht zu einer Isolierung des Geistes vom Leben führen; denn Geist war nur die «wunderbare» Kraft, das Ganze zu erkennen. Der Chinese «sah» darum nicht nur, sondern «schaute»; er begriff nicht nur mit seinem Verstand, sondern liess sich in seiner Seele von den Wirklichkeiten ergreifen; er abstrahierte noch nicht und gliederte daher auch nicht aus, sondern ein.

So wollte auch Lao-Tse mit seinem Werk nicht eine Individual- und Sozialethik, keine politischen und pädagogischen Lehren, keine Philosophie und Religion geben, sondern nur von den verschiedensten Lebensbereichen und vom Denken her Wege weisen, die den Menschen wieder zu sich selbst und in die Allordnung zurückführen. Denn dieser Allordnung sind Himmel und Erde, Staat und Familie, der Herrscher und der Weise, der Erwachsene und das Kind gleichermassen unterworfen. Lao-Tses Werk ist daher am besten einem kunstvollen Teppich vergleichbar, dessen Fäden alle miteinander verknüpft sind und dessen Bilderfülle die ganze Lebenswirklichkeit widerspiegelt, so weit sie eben ein einzelner Mensch in sich aufzunehmen vermag. Alle einzelnen Bilder gehen dabei ineinander über, so dass man ihren Sinngehalt nur aus ihrem Verbundensein mit allen anderen voll erfassen kann.

Der folgende Versuch, die Gedankenfülle Lao-Tses, so wie sie in dem überlieferten Werk gegeben ist, wenigstens in ein lineares Ordnungsgefüge aufzugliedern, soll nur eine kleine Ahnung von dem vermitteln, dass auch jedes grosse Werk des Ostens nicht nur dem Inhalt, sondern auch seiner Form nach ein geordnetes Ganzes bildet.

Die «Kette» stellt in einem Gewebe die Längsfäden, der «Schuss» die Querfäden dar. So lassen sich auch die 81 Kapitel im Gewebe des Tao-Te-King in neun senkrechte und neun waagrechte Gedankengruppen aufteilen. Jede dieser Gruppen steht unter einem Leitgedanken. Die weitgehende Uebereinstimmung des senkrechten und waagrechten Leitgedankens im einzelnen Kapitel zeigt vielleicht am deutlichsten, dass der Aufbau nicht so chaotisch ist, wie ihn die nichtchinesischen Darsteller meist ansehen. Natürlich weiss der Verfasser durch seine mannigfachen Versuche selbst, das das «Gewebe» nicht immer so durchsichtig ist, wie es sich der europäische analysierende Verstand wünscht; aber er nahm lieber einige kleine Webfehler in Kauf als einige Kapitel innerhalb der durch die Tradition gegebenen Reihe umzustellen, zumal sie das Bild der Gesamtordnung kaum stören. Er weiss auch, dass die Uebergänge fliessend sind, aber alles dies hindert nicht, einmal eine solche Sicht in die gegliederte Ganzheit des Werkes zu versuchen. (Siehe die tabellarische Gesamtübersicht Seite 86 und 87!)

Die senkrechte Aufgliederung kann unter folgende Leitgedanken gestellt werden:

Reihe	Kapitel	Inhalt
I.	1— 9	Grundgedanken zur Erkenntnis des Lebens
II.	10—18	Grundgedanken zur Menschenbildung
III.	19—27	Vom Vertrauen in das Leben
IV.	28—36	Vom Sieg des Unscheinbaren
V.	37—45	Offenbarungsformen der gestaltschaffenden Kräfte
VI.	46—54	Vom Einzelnen und der Gemeinschaft
VII.	55—63	Von der rechten Staatsführung
VIII.	64—72	Von der wahren Lebensmeisterung
IX.	73—81	Die Ueberwindung letzter Zweifel

Die waagrechten Leitgedanken wären dann:

Reihe	Kapitel	Inhalt
I.	1, 10, 19...	Wege zur Vollendung
II.	2, 11, 20...	Hinweis auf die Polarität im Sein
III.	3, 12, 21...	Von der Wirksamkeit der unsichtbaren Kräfte
IV.	4, 13, 22...	Vom Vertrauen in die selbstwirkenden Kräfte des Lebens

V.	5, 14, 23...	Vom Sicheinfügen in die Lebensordnungen
VI.	6, 15, 24...	Von der Ursprünglichkeit und dem echten Werden
VII.	7, 16, 25...	Vom dienenden Gehorsam
VIII.	8, 17, 26...	Von der Einfügung der Teile ins Ganze
IX.	9, 18, 27...	Vom echten Werk

Der Inhalt der einzelnen Kapitel selbst ist aus der Uebersichtstabelle auf Seite 86 und 87 ersichtlich.

Der Aufbau des Tao-Te-King

		I Grundgedanken zur Erkenntnis des Lebens	II Grundgedanken zur Menschenbildung	III Vom Vertrauen in das Leben	IV Vom Sieg des Unscheinbaren
I	Wege zur Vollendung	1 Geheimnis des Unergründlichen	10 Der Weg zur Lebenstiefe	19 Echtheit des Wesens macht sittlich	28 Herzenseinfalt ordnet Welt
II	Hinweise auf die Polarität im Sein	2 Das Wesentliche im Gegensatz	11 Wirksamkeit des Unsichtbaren	20 Unbekümmertheit des Weisen	29 Machtpolitik zerstört
III	Von der Wirksamkeit der unsichtbaren Kräfte	3 Nichtwirken in der Menschenführung	12 Das Sinnliche ein Weg zum Sinn	21 Vertrauen in wirkende Innenkräfte	30 Gewaltlosigkeit bringt Frieden
IV	Vom Vertrauen in die selbstwirkenden Kräfte des Lebens	4 Die Unerkennbarkeit des Weltenurgrundes	13 Sittliche Unabhängigkeit im Wirken	22 Gesetz inneren Ausgleichs	31 Verachtung äusserer Machtmittel
V	Vom Sicheinfügen in die Lebensordnungen	5 Schöpferisches Unbekümmertsein	14 Gehorsam erwirkt Erkenntnis	23 Lebensmeisterung durch Sicheinfügen	32 Unscheinbarkeit des Unbegreiflichen
VI	Von der Ursprünglichkeit und vom echten Werden	6 Quellen alles Lebendigen	15 Ursprünglichkeit alter Meister	24 Natürlichkeit echten Lebens	33 Gebildetsein überwindet Tod
VII	Vom dienenden Gehorsam	7 Selbstlosigkeit macht unvergänglich	16 Die Erfüllung der ewigen Ordnungen	25 Die Urkraft des Werdens	34 Wahre Grösse im Dienen
VIII	Von der Einfügung der Teile ins Ganze	8 Sichfügen - das Geheimnis echten Lebens	17 Die Unauffälligkeit guter Staatsführung	26 Meisterung des Lebens durch Würde	35 Fülle durch Hingabe
IX	Vom echten Werk	9 Vom Tun des Notwendigen	18 Mangelnde Ursprünglichkeit wirkt auflösend	27 Können wirkt Bildung	36 Wartenkönnen bis zur Reife

V	VI	VII	VIII	IX
Offenbarungsformen der gestaltschaffenden Kräfte	Vom Einzelnen und der Gemeinschaft	Von der rechten Staatsführung	Von der wahren Lebensmeisterung	Die Überwindung letzter Zweifel
37 Wunschlosigkeit wirkt Vollkommenheit	**46** Genügsamkeit erhält den Frieden	**55** Kind als Vorbild	**64** Beachten der Lebensgesetze	**73** Sittlichkeit hilft bei Zweifel
38 Formen sittlichen Wirkens	**47** Weg zur Menschenerkenntnis	**56** Die stillordnende Kraft des Weisen	**65** Segen der Herzensbildung	**74** Vom Gericht über Leben und Tod
39 Das Eine Wurzel des Vielen	**48** Nichtwirkenwollen fördert die Gemeinschaft	**57** Nichtwirkenwollen führt den Staat	**66** Nichtwollen gibt wahres Herrschen	**75** Die Ursachen politischer Unruhen
40 Der Kreislauf des Werdens	**49** Vom Leben im Herzen der Welt	**58** Geheimnis des Werdens	**67** Wirksamkeit sittlicher Grundwerte	**76** Die Wirkungskraft des Lebendigen
41 Das Unergründliche erfüllt alles	**50** Erkenntnis macht furchtlos	**59** Staatssicherung durch geordnetes Planen	**68** Herzgewirktes Tun wirkt Frieden	**77** Selbstloses Tun schafft echten Ausgleich
42 Die Selbstentfaltung des Seins	**51** Wirkungskraft inneren Lebens	**60** Bedächtigkeit und Lebensgehorsam in der Staatsführung	**69** Siege durch kluges Sichbescheiden	**78** Die Grösse sittlich-religiöser Tragkraft
43 Von der Wirksamkeit des Unscheinbaren	**52** Kraft schweigenden Lebens	**61** Gegenseitige Hilfsbereitschaft der Staaten	**70** Geringe Zahl der Berufenen	**79** Lebensgehorsam in Pflichterfüllung
44 Selbstbegrenzung wirkt Beständigkeit	**53** Echte Bildung macht selbstlos	**62** Wiedereinfügung in Gemeinschaft	**71** Freiheit vom Bildungswahn	**80** Vom Eigenrecht des kleinsten Staates
45 Vom Zielwillen des Lebens	**54** Ordnung der Gemeinschaften	**63** Lebensmeisterung durch Erkenntnis	**72** Die Wechselwirkung allen Geschehens	**81** Wesentliches vollendet sich im Alltag

III. Das Wesen des Tao

1. Tao im chinesischen Geistesleben

Seit sich eine chinesische Geistesgeschichte nachweisen lässt, ist T a o der Inbegriff des geistigen und sittlich-religiösen Denkens. Seit viertausend Jahren beherrscht er das Reich der Mitte. Von Indien abgesehen gibt es kein Volk, dessen geistige Urgedanken so verpflichtend für alle Generationen wurden. Allein dies macht nachdenklich und gebietet Achtung und Ehrfurcht.

Wenn sich bestimmte Grundgedanken für ein Volk derartig beherrschend erweisen, so kann dies zwei Ursachen haben: Entweder ist in diesen Gedanken in einfachster und zeitloser, allen Menschen gleichermassen verständlicher Form etwas vom Wesen oder Geheimnis des Lebens erfasst worden, so dass diese Gedanken als eine stets neues Leben zeugende Wirklichkeit von Generation zu Generation weitergegeben werden können, oder aber diese Grundgedanken sind schon zu früher Zeit zu einem Dogma erstarrt und unantastbar geworden, weil die betreffende Volksseele zu einer neuen geistigen und religiösen Konzeption nicht fähig war.

Vielleicht trifft für China beides zu. Denn Tao ist tatsächlich für den chinesischen Denker der ewig jung bleibende schöpferische Impuls, und er ist zugleich für das Volk der oberste Begriff einer traditionsverpflichtenden Moral. Freilich hat diese Moral bis zu Beginn dieses Jahrhunderts alle politischen Schicksale überstanden und damit ebenfalls eine innere Lebenskraft bewiesen, die nicht allein aus dem Dogma erklärt werden kann. Lao-Tse und Confucius sind mit ihren Schulen die beiden Repräsentanten dieser seltsamen geistesgeschichtlichen Wirklichkeit, wobei ersterer als der religiös tiefgründigere auch ausserhalb Chinas tiefer in das Geistesleben der Menschheit, wenn auch nur — wie in seinem Vaterlande — bei einer kleinen Zahl, eindrang, letzterer aber die Millionenmassen des chinesischen Volkes seit mehr als zwei Jahrtausenden entscheidend beeinflusste.

Der Taogedanke hat in China, soweit er von Lao-Tse ausging und späterhin als Taoismus im engeren Sinn bezeichnet wurde, zwei Entwicklungslinien gezeigt. Der p h i l o s o p h i s c h e Taoismus versuchte die Lebenserkenntnisse Lao-Tses im eigenen Leben zu verwirklichen. Diese Taoisten sind vorwiegend Einsiedler, die sich um ihre Selbstvollendung bemühten, oder Philosophen, die, wie z. B. Lieh-Tse und Chuang-Tse, unvergängliche Lebensweisheiten und tiefgründigste Erkenntnisse in ihren Werken hinterliessen. Dieser philosophische Taoismus verflachte aber, als Versuche gemacht wurden, ihn mit confucianischen Gedanken zu verknüpfen, wie es schon Han-Fei-Tse im 3. Jahrhundert v. Chr. tat, und besonders, als durch den Fürsten Huai-Nau-Tse im 2. Jahrhundert v. Chr. alchimistische Gedanken dazu kamen. Dieser philosophisch seichte Taoismus ging schliesslich weitgehend in den r e l i g i ö s e n Taoismus über, eine seltsame Mischung schamanistischen Aberglaubens, altchinesischer Glaubensvorstellungen und Riten, mystischer, philosophischer, alchimistischer, exorcistischer und schliesslich auch buddhistischer Gedanken, ein phantastisches theologisches System mit priesterlicher Hierarchie, das bis zum heutigen Tag starken Einfluss auf das einfache Volk, aber nicht im geringsten noch etwas mit der ursprünglichen Lehre Lao-Tses zu tun hat.

2. Der Begriff des Tao:

Nach Rousselle kennzeichnet das chinesische Schriftzeichen für Tao, das als Bild einen Kopf mit langen Haaren und die beiden Beine mit Fußstapfen darstellt, «eine Situation, wo ein Kopf bestimmt, wo oder wie einer geht».

Aus diesem ursprünglichen Begriffsinhalt erstand die hauptwörtliche Bedeutung «Weg» oder «Bahn» bzw. «Richtung» und «Zustand» und die Nebenbedeutung «Kreis»,

«Umkreis», «Bezirk». Als Zeitwort bedeutet es so viel wie «führen», «leiten», «den Weg weisen», späterhin auch «reden» und «sagen».

Tao wurde in seiner G r u n d b e d e u t u n g «Weg» schon früh auch im übertragenen Sinn angewandt. Mit Wang-Tao (d. h. «Königsweg») wurde die kaiserliche oder fürstliche Regierungskunst, der Weg, den der Herrscher in seiner Regierung zu gehen hat, bezeichnet. Die alten Philosophen sprachen von dem T'ien-Tao, dem «Himmelsweg», um die kosmische Ordnung zu kennzeichnen, so wie wir z. B. diese Bedeutung auch in Paul Gerhard's Lied: «Befiel Du Deine W e g e ...» finden, in dem es heisst: ... «der Wolken, Luft und Winden, gibt W e g e , Lauf und B a h n ». Später nahm Tao auch die Bedeutung von Vernunft und Wahrheit an, und schliesslich wurde es auch der Begriff für das, was wir im Abendland mit dem «Absoluten» meinen.

Tao ist also fürs erste einmal die durch irgend jemanden verursachte Wegspur, die durch irgend etwas entstandene Bahn, so wie wir z. B. auch von einem Feldweg oder einer Schlittenbahn, einer Skispur oder einer Tierfährte sprechen, also durchaus etwas anschaulich Sichtbares, wobei man von der Art der Spur gewisse Schlüsse auf deren Urheber machen, und, geht man der Spur nach, ihren Ausgangs- und Endpunkt finden kann.

Tao nahm dann mehr sinnbildliche Bedeutung an, wie wir es am Königs- und Himmelsweg sahen, und wie wir auch im Deutschen vom Weg der Natur, vom Weg der Geschichte, vom Weg der Menschen und Völker, vom Weg der Gestirne, vom Weg Gottes mit den Menschen, vom Erlösungs- und Heilsweg sprechen können.

Wie nun aber die olympische «Bahn» zugleich zum Sinnbild der höchsten sportlichen Leistungen der Völker, die «Bahn» der Gestirne zum Sinnbild der grossen kosmischen Ordnungen, der «Weg» Gottes mit den Menschen zum Ausdruck für die höchste religiöse Führung werden kann, so ist auch in Tao alles enthalten von der bloss äusseren, anschaulich erkennbaren Wegspur bis zur Offenbarung der kosmischen Ordnungen, ja bis zur letzten Wesenswirklichkeit, bis zum Unergründlichen selbst. Der Begriff Tao ist also seinem Umfang nach ausserordentlich dehnbar, seinem Inhalt nach ungewöhnlich tiefschichtig.

Wie weit und tiefschichtig er durch Lao-Tse und die in seinem Geiste arbeitenden Philosophen wurde, das soll nun noch an einer weiteren Differenzierung aufgezeigt werden. Wir erkannten: Tao ist der Weg, von dem aus sich der Mensch der inneren Zusammenhänge des Lebens und des Seins bewusst werden kann, weil Leben und Sein die sichtbare, die offenbar gewordene Wegspur der nicht ergründbaren letzten Wirklichkeit ist. Tao ist aber nicht nur «Weg» im Sinn der Wegstrecke, sondern auch Anfang und Ende des Weges, und zwar jeweils in doppelter Bedeutung: Einmal als der Uranfang, als «das Geheimnis der Geheimnisse», als das Absolute, das den Schöpfungsanfang auslöst und setzt, und dann als der Anfang des Weges selbst, als der Schöpfungsbeginn. Es ist, chinesisch gesprochen, das Wu Gi, sinnbildlich der inhaltlose Kreis, der Nochnichtanfang, die Urwirklichkeit des Unergründlichen selbst. Und es ist das Tai Gi, das Eine, in welchem Sein und Nichtsein sich zum Wechselspiel der Schöpfung bereit machen (bildlich siehe Seite 125). Ebenso aber ist Tao auch das Ende des Weges, das Werde- und Entwicklungsziel, das «Tor zum letzten Geheimnis», und schliesslich ist es die Zielwirklichkeit, wiederum das «Geheimnis der Geheimnisse» selbst. So ist also mit Tao die allumfassende Wirklichkeit gemeint, die sowohl das unergründbare Geheimnis an sich meint, das hinter allen Wirklichkeitsbereichen verborgen ist, wie alle seine im Sein offenbar werdenden Wirkungsspuren.

Welches ist aber für die grossen chinesischen Philosophen jene erste oder letzte Wirklichkeit, die die Religionen gewöhnlich mit Gott oder Gottheit bezeichnen? Eine solche Frage stellt kein Weiser des Ostens. Auch er weiss vom «Geheimnis der Geheimnisse», aber er hat sich von einer der grössten Verirrungen des menschlichen Geistes freigehalten: Anfang oder Ziel des «Weges» absolut zu setzen oder gar zu konkretisieren. Er lehnt alle Spekulationen über das Nichterkennbare ab, ja er kennt im Grunde genommen nicht einmal ein «Erstes» und ein «Letztes», weil für ihn schlechthin alles in allem kreisend verwoben ist. Im Bildsymbol des Kreises sieht er die Einheit des Rationalen und des Irrationalen; die Kreislinie gibt die rationale Begrenzung, die innere Leere des Kreises stellt das Irrationale dar, jede von der Ratio gezogene Erkenntnislinie begrenzt das Irrationale, isoliert es aus seinem Gesamtlebensbereich. Das Irrationale ist aber das eigentlich Wirksame (vgl. Kap. 11), und nur, indem der Erkennende seine Erkenntnis selbst wieder aufgibt, vermag das Irrationale in ihm selbst wieder weiter wirksam zu werden. Darum verfielen Lao-Tse, Wên-Tse, Lieh-Tse und Chuang-Tse als die grössten Philosophen des Tao nicht dem Irrwahn, zu glauben, dass man über das Wesen des Unergründlichen, über die ersten und letzten Ursachen, bestimmte oder gar konkrete, allgemeingültige und andere Menschen verpflichtende Aussagen machen könne. Lao-Tse ist der erste Philosoph der Menschheit, der aus innerster Erkenntnis alle Theologie überwand, der jede theologische (und metaphysische) Spekulation als Unwahrhaftigkeit und Hochmut durchschaute; denn seine **Lehre vom Tao besagt, dass sich der Mensch auch in seiner Erkenntnis immer nur auf dem Wege befindet.**

Was auch der schärfste Verstand vom Wege aus erkennt, was auch Erfahrung und Erlebnisse an seelischen Erschütterungen und Offenbarungen bringen, was auch in stiller Meditation oder intuitiver Schau erkannt werden kann, all das bleibt immer nur ein Winziges, bleibt immer nur eine erste Erkenntnis. Auf jedem neuen Wegabschnitt wird auch sie neu, jede Reifestufe wandelt sie. Und nur soweit sie sich wandelt, bleibt sie lebendig; alle Spekulationen aber sind «graue Theorie».

Um diesen für Lao-Tse sehr wesentlichen Tatbestand voll zu erfassen, müssen wir zuvor noch etwas über eine Eigenart des chinesischen Geistes, über seine anschauliche Erkenntnisweise sagen, die es mit allen biologisch jungen Völkern, aber auch mit allen grossen Künstlern und religiösen Führern der Menschheit gemeinsam hat.

3. Von der anschaulichen Erkenntnis

Wir sagten, Tao sei Anfang, Mitte und Ende des Weges zugleich, eine nicht auseinanderreissbare Einheit und Ganzheit; jeder Wegpunkt war einmal Ziel, jeder Zielpunkt Ausgangspunkt eines neuen Wegabschnittes. Der Chinese denkt, wie wir weiter sahen, nicht geradlinig, sondern «kreishaft», nicht einseitig, sondern allseitig. Seine Vorstellungswelt wird nicht nach europäischen, nach «logischen» Kategorien organisiert, sondern will nur ein Erkenntnisabbild der Ganzheit des Lebens sein. Die chinesischen Begriffe dürfen nicht nach abendländischer Weise logisch aufgespalten und zergliedert, sondern müssen, weil ganzheitlich mit vielen andern verflochten, g e s c h a u t werden. Sie sind keine Abstraktionen, keine Hirngedanken, keine intellektualistischen Erzeugnisse, sondern Bilder, aus dem Innersten der Seele und der Welt geschöpft; sie sind aus dem Gemüt entstanden, herzgeboren. Es sind also keine «konstruierten», sondern aus Bewusstem, Unter- und Ueberbewusstem und vielleicht auch Unbewusstem verwobene Gebilde, wobei das Bewusste keineswegs die hohe Stelle einnimmt, die der Abendländer ihm glaubt geben zu müssen. Die chinesischen Begriffe setzen daher keinen geschliffenen Verstand, sondern ein allseitiges, seelisch-geistiges Aufgeschlossensein, eine durchgängige Empfänglichkeit voraus. Es kommt dem Chinesen nicht so sehr auf das Begreifen als auf das Ergriffenwerden an, indem er etwas betrachtet, will dieses in ihm trächtig werden. Darum bleiben alle alten chinesischen Begriffe in einer Sphäre gemüthafter Verbundenheit und Verbindlichkeit, und darum bleibt sich der Chinese auch ihres Gleichnischarakters bewusst und behält die Ehrfurcht vor dem, was mit ihnen g e m e i n t ist.

Bloss begrifflich-abstrakte Erkenntnis führt notwendigerweise zu immer grösserer geistiger Differenzierung und Analysierung. Einen abendländischen Philosophen, etwa Kant, begreift nur, wer seinen Verstand zum feinstgeschliffenen Werkzeug seines Denkens machte. Daher wurde im Abendland die Philosophie eine Angelegenheit geistigen Spezialistentums ohne kulturschöpferische Kraft. Der einfache Mensch kann die Erkenntnisse der Philosophen in der Regel nicht mehr unmittelbar erfassen. Kants Worte aber vom «gestirnten Himmel über mir und dem moralischen Gesetz in mir» versteht jeder. Der gestirnte Himmel über mir, der uns zur Ehrfurcht vor dem unergründlichen Geheimnis des Seins zwingt, ist derselbe für den Bauern und Handwerker, für den Kaufmann und Gelehrten, für die Angehörigen dieses und jenes Volkes, für das Kind und den Greis. Er ist anschaulich, seine sichtbare Ordnung und sein verborgenes Geheimnis werden von jedem erkannt und erlebt. Anschauliche Erkenntnis ist immer wirkungsvoller als abstrakte. Ueber sie kann auch nicht gestritten werden, sie kann nach ihrem Wahrheitsgehalt auch vom einfachsten Menschen überprüft werden. Anschauliche Erkenntnis ist immer einfach; sie ist bildhaft und bildet unmittelbar; denn sie bleibt nicht im intellektuellen Bereich haften, sondern dringt, je nach der Reife des einzelnen, in die verschiedensten Tiefenschichten der Seele ein. Auch «das moralische Gesetz in mir» ist eine solch unmittelbar erlebbare Wirklichkeit, da jedermann etwas von der Wirklichkeit und der Wirksamkeit des Gewissens erfährt. Anschauliche, selbst vom Einfachsten erlebbare Erkenntnis führt daher auch immer die Menschen zusammen, differenzierte Abstraktionen führen sie auseinander, abgesehen davon, dass immer nur ganz wenige wirklich Zugang in die Welt der reinen Begriffe haben. Wer im Rahmen der anschaulichen Erkenntnismöglichkeiten verbleibt, der bleibt auch bescheiden; nur der spekulative Mensch greift in Bereiche, die keiner allgemeinen Kontrolle mehr zugänglich sind; denn dieser weiss nichts davon, dass jede Wahrheit so einfach ist, dass sie der einfachste Mensch in sein Herz aufnehmen kann; er weiss deswegen nichts davon, weil er den Blick auf das Leben und auf den Menschen verloren hat, nicht mehr in der Wirklichkeit selbst gegründet ist.

Wenn von anschaulicher Erkenntnis gesprochen wird, ist nicht nur die Erkenntnis gemeint, die durch sinnliche Wahrnehmungen aus der äusseren Erscheinungswelt gewonnen wird, sondern, wie schon das Beispiel des «moralischen Gesetzes in mir» zeigte, auch die, die durch innere, von allen

Menschen nachkontrollierbare Erfahrungen entsteht, gleichgültig, ob es sich um Empfindungen, Gefühle, Werterlebnisse, Intuitionen handelt; auch Visionen und Prophezeiungen können durchaus allgemeiner Kontrolle zugängig sein, wenn es sich nämlich um wirklich echte Phänomene handelt. Genau so aber wie die begriffliche Erkenntnis in die Sackgasse ideologisch-spekulativer Abstraktionen, lebensfremder Theorien und sturer dogmatischer Lehren führen kann, kann auch die anschauliche Erkenntnis in die Sackgasse scheinmystischer Spekulationen und Phantastereien führen, wenn sie den gesunden Boden innerer Allgemeingültigkeit oder klarer Kontrollierbarkeit verlässt.

Der ehrfürchtige und innerlich wahre Mensch durchdringt jede Erkenntnis mit seinem Herzblut. Das Erkannte im Leben selbst zu verwirklichen ist für ihn eine so hohe Aufgabe, dass er keinerlei ideologischer oder mystischer Spekulationen bedarf; die Kluft zwischen Erkenntnis und Leben muss er immer durch die lebendige Tat überbrücken. So liegt eine tiefe Weisheit darin verborgen, dass Lao-Tses Werk, das im ersten Kapitel mit dem Höchsten, mit Tao, beginnt, im letzten Kapitel mit ganz einfachen Alltagswahrheiten schliesst.

Ueber das Entstehen der abstrakten Begriffe und über die Aufgabe der Begriffsbildung überhaupt, gibt Lao-Tse in 32, 4—6 einen wertvollen Hinweis. Er sagt: «Gewinnt das Unbegreifliche (= Tao) Gestalt, so kann es begrifflich gefasst werden. Die Begriffe sind aber nur Hinweise auf das Nichtzubegreifende, man bleibe sich ihrer Beschränktheit bewusst. Bleibt man sich ihrer Beschränktheit bewusst, so besteht keine Gefahr.» Lao-Tse vermeidet damit die Gefahr jeder idealistischen Philosophie, das begrifflich Gefasste mit der g e m e i n t e n Wirklichkeit so gleichzusetzen, als ob beide identisch wären, und als ob ein Begriff überhaupt imstande wäre, den vollen Inhalt einer Wirklichkeit eindeutig zu fassen. Alle Begriffe sind für Lao-Tse nur Hinweise, nicht mehr. Auch alle seine Lehren sind nur Hinweise und Wegweisungen, nicht mehr. Darum ist er der Philosoph, mit dem die Philosophen am wenigsten anfangen können. Folgestreng entwickelt er nun diese seine Einstellung zu den Begriffen am Grundbegriff seiner «Philosophie», seiner Lebenserkenntnis, am Begriff T a o.

4. Der Tao-Begriff bei Lao-Tse

Lao-Tse spricht von Tao in mehr als 30 Kapiteln. Ehe wir den Versuch machen, ein geeignetes deutsches Wort dafür zu wählen, wollen wir uns eine Reihe seiner Aussagen über dasselbe betrachten.

In Kapitel 25 spricht er von einer «Urkraft des Werdens», von einer Urwesenheit, die vor der Entstehung des Himmels und der Erde angenommen werden muss. Er meint, man könne sie als die «Mutter des Himmels und der Erde» bezeichnen und sagt dann: «Unbegreifbar und unnennbar ist sie, ich bezeichne sie als Tao» (25, 3—4). Lao-Tse weiss, dass es im menschlichen Bereich zur gegenseitigen Verständigung irgendeiner Bezeichnung bedarf. Es kommt ihm aber nicht so sehr auf die Bezeichnung selbst, als auf das damit Gemeinte an. Darum versucht er es bildsymbolisch als «Mutter der Welt» zu fassen oder es begrifflich mit einem Grundbegriff der altchinesischen Philosophie, eben mit Tao, wiederzugeben. Natürlich hätte er auch einen eigenen Begriff dafür schaffen können; und so sagt er fortfahrend: «Ich kann, um eine begriffliche Fassung ringend, sie auch als ‚T a‘, d. h. als ‚das Grosse‘, bezeichnen» (25, 5). Aber — so ist sein weiterer Gedankengang — dann muss ich auch fragen, was ich mit dem «Grossen» meine. Und er meint mit dem «Grossen» das «ewig aus sich Quellende», und mit diesem meint er das «unaufhörlich in alle Weiten Ausgreifende» und mit letzterem das aus der Unendlichkeit Kommende und wieder in die Unendlichkeit Zurückkehrende, «den erst in allen Fernen des Unendlichen sich schliessenden Kreislauf des Werdens» (25, 6—8). Jeder einzelne Versuch, das mit Tao Gemeinte, die Tao-Wesenheit, zu fassen, gleichgültig, ob man sie als das Grosse, das Quellende, das Unaufhörliche, das Wiederzurückkehrende bezeichnet, bleibt ein Versuch, ist nur ein Weg, von dem aus man allerdings in stiller Besinnung einiges Wesentliche zu erkennen vermag. Wie sich Lao-Tse dieses Nachdenken vorstellt, zeigt er an den Erwägungen, die auftauchen müssen, wenn man Tao als «das Grosse» fasst. Wir erhalten damit zugleich einen Einblick in die Art seines Meditierens. Bezeichnet man Tao als «gross», so wird dem Nachdenklichen bewusst, dass es auch andere «Grössen» gibt, wie z. B. den König, oder die Erde, oder den Himmel. Was aber diese (erkennbaren) Grössen von der (unerkennbaren) Grösse Taos unterscheidet, ist, dass sie alle wiederum höheren Ordnungen eingefügt sind: Der König ist als Mensch den Gesetzen der Erde unterworfen, die Erde dem Gesetz des himmlischen Alls, also der kosmischen Ordnung, und der Kosmos, der «Himmel», ist irgendwie einer letzten geheimnisvollen Wirklichkeit, die eben nun Tao genannt werden soll, eingefügt. Tao muss sich selbst Gesetz sein, denn es ist nicht weiter ableitbar und mit nichts mehr zu vergleichen, da es ja der menschliche Geist als Letztes begrifflich so gesetzt hat (vgl. 25, 9—14). Dieses «Letzte» oder «Erste» oder «Innerste» ist nicht mehr definierbar. Es gleicht, wie Lao-Tse in 41, 12—15 sagt: «einem unendlichen Viereck ohne Ecken; einem Gefäss von unendlicher Grösse, das nichts fasst; einem Laut von unendlichen Schwingungen, den man nicht hört; einem Bild von unendlicher Grösse, das nicht erschaut werden kann». So wollen auch alle die folgenden Aussagen über Tao nicht als dogmatisch gemeinte Erkenntnisse, nicht als «Lehren» genommen werden, sondern nur Wegweiser zum eigenen Erkenntnisweg sein.

Im ersten Vers des ersten Kapitels gibt Lao-Tse der Ueberzeugung Ausdruck, dass jenes Tao, das man irgendwie begrifflich definieren zu können glaubt, niemals das eigentliche Tao ist; denn dieses bleibt immer unergründbar und unbegreifbar. Dieses begrifflich nicht fassbare, hintergründige, reine, absolute Tao bezeichnet Lao-Tse als Ch'ang Tao, als das «immerwährende», «beharrende» Tao. Wo dieses ordnend in Erscheinung tritt, da hat man das «nambare» Tao (vgl. 32, 4), das Ju-ming Tao, das Gestalt gewordene Tao (vgl. 1, 4—5). Von ersterem sagt er: «Wer es sehen will, wird es nicht sehen, denn es ist unsichtbar; wer es hören will, wird es nicht hören, denn es kann nicht vernommen werden; wer es erfassen will, kann es nicht ergreifen, denn es ist frei von Gestalt. Kein Teilweg führt zu einem Ziel» (14, 1—4). «Wer ihm entgegengeht, schaut nicht sein Antlitz; wer ihm folgt, dem entzieht es sich» (14, 9). Weil es bestimmungslos ist (1, 1; 14, 1—3; 32, 1), müssen alle Versuche begrifflicher Fassung eigentlich widersinnig sein. Lao-Tse wählt darum auch, wie es die grossen Weisen aller Zeiten taten, Begriffe, die einander ausschliessen und vereint in ihnen Gegensätzliches, das logischerweise nicht vereint werden kann. Er spricht von der «gestaltlosen Gestalt» und dem «seinlosen Sein», dessen Tiefe (die doch wie alles Tiefe eigentlich abgründig dunkel sein sollte) «oberflächenhell» und dessen Oberfläche (die doch klar erkennbar daliegen sollte) «abgründig dunkel» ist (14, 7 und 14, 5).

Das unnambare, reine Tao — das in der Sprache der abendländischen Mystik mit der «Gottheit» Meister Eckeharts verglichen werden kann — und das nambare, gestaltete Tao — der schöpferische Gott in der Sprache der Mystiker — sind aber nach 1, 6 «nur begrifflich gespalten; geheimnisvoll bleibt ihrer Einheit Grund». Der menschliche Geist kann also nach Lao-Tse in erster Linie nur das Gestaltgewordene fassen. Dieses aber ist immer zugleich widerspruchsvoll, zumal es auch in einem vom Verstand nicht erfassbaren inneren Zusammenhang mit dem Irrationalen steht, unzählige und völlig entgegengesetzte Erkenntnismöglichkeiten in sich birgt, von denen der Verstand nur die oberflächlichen erfasst.

So sagt Lao-Tse von Tao einerseits, dass es «leer» und «wesenlos» ist (4, 1), andererseits, dass es «alldurchdringend» und «alles überströmend» ist (34, 1). Einerseits ist es das «Nichtwirkende», das Dranglose, das in Nichthandeln verharrt (4, 3; 37, 1), andererseits «wirkt, fördert, ernährt es alles und dient allem» (34, 5). Sein Wirken ist durch Gelassenheit gekennzeichnet (40, 2) und doch bleibt durch dieses gelassene Wirken, bezw. sogar durch das Nichtwirken «nichts ungetan» (37, 1; vgl. auch 48, 4); es schafft z. B. auch allen Ausgleich (4, 2; 56, 3). Es bewegt sich — und doch ist die Richtung seiner Bewegung Rückkehr in sich selbst (40, 1).

Seine Wirkungskräfte sind ungeoffenbart und dennoch wissen wir, dass es alle geistigen und gestaltwirkenden Kräfte und alle Keimkräfte des Werdens in sich trägt (21, 3—5). Wie das Unergründliche wirkt, wird niemandem kund (21, 2). Es entfaltet sich aus sich selbst heraus (14, 10), ist die Heimat aller Wesen (62, 1), verweigert sich niemandem und dient anspruchslos dem ganzen All (34, 4 ff.). Tao ist des Lichtes Ursprung (52, 9), wirkt Frieden (46, 1); denn wo Tao ist, ist Ordnung. Es verkörpert die Ordnungsgesetze des Alls und wird so Vorbild für jeden, insbesondere den Herrscher (30, 1); was tao-los wird, was den Ordnungsgesetzen des Alls widerspricht, das zerfällt (30,7). Der Mensch soll von Tao erfüllt sein, in Tao wandeln; oft spricht Lao-Tse vom Wandel in Tao (z. B.: 15, 13; 23, 6, 9; 24, 8; 30, 1; 48, 2; 53, 1; 65, 1; 77, 4). Vom Menschen hängt es ab, inwieweit er Tao in sich wirken lässt (41, 1—3); er kann es festhalten, so wie es die alten Meister des Lebens festhielten (14, 10; 15, 1); es kann gesucht und gefunden werden (62, 7, 8), aber auch verloren gehen (38, 8 wörtlich: «Tao verloren, bleibt Te»). Wer in Tao ist und ihm gleicht, ist frei von jedem Schicksal und unvergänglich (16, 11—12); wenn die Menschen nicht mehr aus Tao leben, zerfallen die natürlichen Lebensordnungen (18, 1—4). Tao drängt sich niemandem auf (35, 4), gibt aber Einsicht und Lebenserkenntnis (14, 10).

Dieser Querschnitt durch die Gedanken Lao-Tses über das Tao zeigt uns, dass wir es bei seinem Tao-Begriff in der Hauptsache mit 5 Inhaltskreisen zu tun haben. Tao ist ihm

1. die unergründbare letzte Wirklichkeit an sich (das Ch'ang Tao);
2. das Geoffenbarte in seiner Einheit und Ganzheit (das Ju-ming Tao);
3. das Ordnung und Harmonie wirkende Prinzip im Sein, die Führungskraft des Alls, die Allkraft;
4. das Wesen des Lebendigen, indem es alle Keimkräfte, alle Bildkräfte und alle Geistkräfte in sich trägt (Kap. 21!);
5. der religiöse Urgrund und die religiöse Urkraft im Menschen.

Der abendländische Mensch hat immer wieder versucht, Tao mit einem abendländischen Begriff zu kennzeichnen. Aus dem eben Aufgezeichneten geht aber hervor, dass alle abendländischen Formulierungen zu begriffsstarr sind, um das mit Tao Gemeinte wiederzugeben. Wir finden es im Deutschen übersetzt mit: Gottheit, Gott, Sinn, Wesen, Weltgesetz, Führerin des All, Weg, Bahn usw., im Französischen mit principe, cause premier, raison, parole, nature, voie, um nur einige Beispiele zu nennen. Auch sonstige Grundbegriffe der abendländischen Philosophie wie logos, ratio, natura naturans werden gebraucht. Wir müssen es uns abgewöhnen, zu glauben, einen östlichen Begriffsinhalt völlig adäquat übertragen zu können, oder Lao-Tses Lehre durch ein uns geläufiges philosophisches System, etwa als Pantheismus, Panentheismus, Panpsychismus oder Panenergismus wiedergeben zu dürfen. Das, was der östliche Mensch meint, ist nie thomistisch oder kantisch, sondern am ehesten noch goethisch zu sehen. Goethes Natur aber ist, wie der japanische Philosoph Kitarô Nishida einmal treffend sagt, «wie ein unendlicher Raum, der selbst gestaltlos, Gestalten ausprägt», so dass es «ein Mitklingen bis in den unergründlichsten Grund unseres Herzens» gibt.

Darum dürfte es besser sein, Tao im allgemeinen als das **Unergründliche** zu bezeichnen. Wir könnten es auch als das Urgründige bezeichnen, aber es ist eine alte und tiefe Weisheit, die wir sowohl in der indischen Philosophie, wie in der abendländischen Mystik und der «negativen Theologie» des Mittelalters finden, dass man über die letzten und innersten Wirklichkeiten nur in der verneinenden Form sprechen soll. Daher hatten ja auch die Brahmanen jeden Versuch einer begrifflichen Fassung letzter Wirklichkeiten mit den Worten «neti-neti», das heisst «nicht so und nicht so» abgelehnt. Ein «negativer» Begriff scheint für das Abendland um so notwendiger zu sein, als es viel zu sehr an den Begriffen haftet und immer in Gefahr ist, sich an das «Wort» zu klammern, nachdem es die unmittelbare Beziehung zum Lebensgrund verloren hat. Wir werden darum in unserer Fassung des Tao-Te-King, so weit wir Tao nicht als das Unergründliche wiedergeben, jeweils einen Ausdruck wählen, der der betreffenden Gedankensituation, dem jeweils Gemeinten, am besten entspricht.

Tao ist wiedergegeben als

    das Unergründliche in 1,1; 4, 1; 14, 1; 15, 13; 16, 11; 21, 1; 24, 8; 25, 4; 32, 1; 35, 4; 37, 1; 38, 8; 41, 1; 42, 1; 48, 2; 51, 1 ff.; 52, 1; 53, 1, 3; 60, 2; 62, 1; 65, 1; 77, 4.

    das unergründliche Geheimnis des Lebens in 23, 9;
    das Unbegreifliche in 32, 4;
    die letzte Wirklichkeit in 23, 6;
    der Urgrund in 40, 1;
    der Ursprung in 18, 1;
    das Wesen in 34, 1;
    das Ordnungsgesetz des Alls in 30, 1;
    das Gesetz innersten Lebens in 30, 7;
    die Ordnung in 46, 1.

IV. Das Wesen des Te

1. Der Begriff des Te

Das Tao-Te-King ist das Buch vom Tao und vom Te. Das chinesische Schriftzeichen für Te (auch Tê, Teh, Dö geschrieben), enthält das Zeichen für «Herz» und für das «Vorwärtsblicken oder Vorwärtsgehen in gerader Richtung».

Das Herz ist im Chinesischen nicht das Symbolwort für das Innerseelische, für das Gemüthafte und die Gefühlsfunktionen, sondern es ist das zentrale Sinnesorgan, durch das der Mensch die Verbindung mit der Aussen- und Umwelt sucht und findet. In Verbindung mit dem zweiten Zeichen, dem Geradeausblicken oder Geradeausgehen, meint Te also zunächst einmal jene Kraft oder Fähigkeit, bezw. jenes Organ, das eine bewusste sinnlich-geistige Erfassung der Welt durch den Menschen ermöglicht.

Nach den chinesischen Kommentaren ist Te aber auch das, «was die Wesen erhalten, wenn sie entstehen», genauer gesagt, die das Leben auslösende und die die individuelle Gestaltung bewirkende Kraft, zugleich die Kraft, die das Individuum mit dem Kosmos verbindet.

So wie wir nun bei Tao 5 Bedeutungskreise herausfanden, lassen sich auch bei Te einige Bedeutungsgruppen unterscheiden. Te ist bei Lao-Tse

1. die aus dem Urgrund der menschlichen Seele aufsteigende, ihre Einheit, Ganzheit und Harmonie bewirkende Grund- oder Führungskraft der Seele, poetischer gesagt: die Herzkraft der Seele;

   es ist das w i r k e n d e Selbst im Menschen, d. h. jene Wirklichkeit, die aus dem Menschen als biologischem Wesen eine sittlich-geistige Persönlichkeit formen will und letztlich aus dem religiösen Urgrund (dem «nichtwirkenden» Selbst) des Menschen aufsteigt;

es ist der Ziel- und Vollendungswille in uns, jene ewige «Unruhe», die den Selbstreifungsprozess der Persönlichkeit bewirkt;

es ist jene Wirklichkeit, durch die wir wissen, was wir eigentlich sein und tun s o l l t e n , das «moralische Gesetz in mir» im Sinne Kants, die «höhere Intention» im Sinne Goethes, die aus dem Innersten der Seele «aufsteigende Kraft» im Sinne Meister Eckeharts.

Te ist aber auch

2. jene seelische Wirklichkeit, die den Menschen zwingt, unter Hintansetzung seines Ichs, ja unter Selbstaufgabe seines Wesens, mit anderen Menschen (dem Du und dem Wir), mit der Natur und dem Kosmos und auch mit der letzten religiösen Wirklichkeit in Einklang zu kommen.

Im ersten Fall ist es also jene Kraft, die die volle Selbstentfaltung der Persönlichkeit bewirkt, im zweiten jene, die die Persönlichkeit vor der Erstarrung ins Individuelle und Egozentrische bewahrt und sie wieder in die grossen Ordnungsbereiche der Gemeinschaft, der Natur, des Alls zurückgliedert. Kurz gesagt, Te ist

(1.-2.) jene bindende Führungskraft der Seele, die den Menschen ganz zu sich selbst (1.), und es ist zugleich jene lösende Führungskraft, die ihn über sich selbst hinaus und von sich weg führen will (2).

Dazu kommt nun aber noch eine weitere entscheidende Bedeutungsgruppe: Te ist

3. die in den natürlichen sozialen Ordnungsverbänden (Familie, Gemeinde, Volk, Menschheit) unterbewusst wirkende Führungskraft, sozusagen

das Selbst der Gemeinschaften (der Sippengeist, die Volksseele, der Zielwille der Menschheit), die Herzkraft der sozialen Organseelen,

die Kraft, die die innere Gerechtigkeit in den Geschicken der Familien, Sippen, Gemeinden und Völker bewirkt;

die Kraft, die die Gemeinschaften selbst wider deren bewussten Willen zwingt, unterbewusst so zu handeln, wie sie handeln, um ihnen die Notwendigkeit des Einklangs mit den grossen Lebens- und Seinsordnungen bewusst zu machen;

es ist, kurz gesagt, die Führungskraft der Kollektivseele.

Fassen wir die drei Bedeutungen, die Te bei Lao-Tse hat, zusammen, so können wir sagen:

(1.-3.) Te ist die **heilwirkende** Kraft im Menschen und in den menschlichen Bereichen, sie ist die im Selbst des Einzelnen und im Selbst der Gemeinschaften bindend und lösend wirkende Urkraft, der kosmische Ziel- und Vollendungswille im menschlichen Bereich. Es ist das gestaltwirkende Prinzip Taos im Bereich des Lebendigen, die Ordnungsfunktion des Alls, die die vollkommene Leib-Seele-Einheit, die «grosse Gesundheit» im Menschen erstrebt, nach Harmonie zwischen dem Ich und dem Du, dem Ich und dem Wir, dem Ich und dem All, aber auch dem Wir und dem Ich, dem Wir und dem All drängt.

Von dieser Warte aus wird ersichtlich, wie oberflächlich die vielen europäischen Uebersetzungen sind, die Te einfach als «Tugend» wiedergeben. Wohl hat Te im Chinesischen schliesslich auch die Bedeutung Tugend angenommen, niemals aber ist das, was wir mit Tugend meinen, dem Sinngehalt des von Lao-Tse mit Te Gemeinten gleichzusetzen. Eine solche Verengung und Verlagerung von Te auf das nur moralische Gebiet ist Lao-Tse völlig fern. Zwar bewirkt Te auch alle Tugenden, aber es kann ebenso alle «Untugenden» bewirken. Te ist als Urkraft «jenseits von Gut und Böse» (vgl. 5, 1—2), frei und erhaben über die menschlichen Wertsetzungen. Die von Richard Wilhelm gewählte Uebersetzung «Leben» ist zu allgemein, um den besonderen Sinngehalt, der eindeutig in Te liegt, zu treffen; etwas besser ist Schröders Fassung «Weg des Lebens» und Ulars Uebersetzung: der «Rechte-Weg» insofern, weil es eine Verbindung mit Tao aufweist und weil das wirkende Selbst als «das Gesetz, nach dem wir angetreten», Richtung und Art unseres Lebensweges bestimmt. Grill's Uebersetzung «das höchste Gut» könnte richtig gemeint sein, da die schöpferischen Kräfte unserer Seele tatsächlich unsern höchsten Schatz darstellen, es ist aber zu eng im Sinn der höchsten Tugend an Stelle der umfassenden Lebenstauglichkeit gedacht. Nur Rousselle trifft mit seiner Uebersetzung «Urkraft» u. E. das Wesentliche.

Wir haben Te, um jede begriffliche Schematisierung zu vermeiden und das jeweils Gemeinte unserer Vorstellungswelt möglichst nahe zu bringen, ebenso wie Tao in mannigfacher Weise wiedergegeben. Wir bezeichnen es

> als Selbst oder wirkendes Selbst (41, 7, 9, 10; 54, 4—8);
> Innerstes der Seele oder innerstes Wesen (51, 5; 38, 1; 23, 7; 49, 2—3);
> Ursprung oder des Herzens Ursprünglichkeit (55, 1; 38, 8);
> Zielwillen unseres Lebens (10, 10);
> Urkraft des Lebens (51, 2);
> Führungskraft (21, 1);
> höchste Kraft der Seele (41, 7);
> innerlichste Kraft des Herzens (63, 4);
> die besten Kräfte im Menschen (60, 5);
> die quellenden Kräfte (28, 6);
> innerlich kraftvolles Leben (51, 7);
> herzgewirktes Tun (68, 5).

2. Te als die zentrale Führungskraft in der menschlichen Einzelseele

Wir wollen im folgenden nur auf jene Aussagen Lao-Tses über das Wesen des im einzelnen Menschen wirkenden Te hinweisen, in denen Lao-Tse unmittelbar von Te spricht. Das ist in 17 Kapiteln der Fall. Ueber das sonst von Te Gewirkte werden wir in anderen Zusammenhängen noch vielfach zu sprechen haben.

Ueber den Zusammenhang von Tao und Te unterrichtet uns 51, 1: «Aus dem Unergründlichen steigt das Leben auf (wörtlich: Tao gebiert), erhalten wird es durch die Urkraft des Lebens (wörtlich: Te erhält bezw. ernährt)», und 21, 1: «Der

Führungskraft höchstes Ziel ist Gehorsam gegenüber dem Unergründlichen» (ist Nachfolge Taos). Wir sehen zunächst daraus, dass das Te zwar eine durchaus selbständige und von Tao unterschiedene Funktion hat (Tao gebiert, Te erhält), dass es nicht die uranfängliche schöpferische Urmacht des Lebens selbst darstellt (was nur Tao ist), aber jene Ur- oder Führungskraft, die in den Schöpfungen im Sinne Taos wirksam ist, indem sie alles Lebendige so von innen her leitet, dass die Erhaltung des Lebens sichergestellt ist. **Die Urfunktion oder der Zielwille alles Lebendigen ist die Erhaltung des Lebens; auch jeder geistige, sittliche und religiöse Vollendungsdrang bleibt nur insoweit gesund, als er dieses Grundgesetz beachtet.**

Der Sinn des Lebens ist also nicht die höchste Individualisierung, sondern ist wiederum «Leben», so wie Meister Ekkehart sagt: «Wenn man das Leben fragte tausend Jahre lang: «Warum lebest Du?», wenn es überhaupt antwortete, würde es nur sagen: «Ich lebe, um zu leben!» Das rührt daher, weil das Leben aus seinem eigenen Grunde lebt, aus seinem Eigenen quillt; darum lebt es ohne ein Warum: es lebt nur sich selber!» Oder wie er in seinen Quaestiones Parisienses sagt: «Die Natur*), die für das Weltall sorgt, erstrebt das Entstehen und Vergehen eines jeden, um dem Entstehen zu dienen. Denn in erster Linie erstrebt sie die Erhaltung des Weltalls, und nur um ihretwillen erstrebt sie einen Verlust von Formen.»

So ist also Te in erster Linie die auf Erhaltung und Förderung, auf Weiter- und Höherführung des Lebens gerichtete Grundkraft der menschlichen Seele und der Lebewesen überhaupt. Te in seinem höchsten Sinn will dem Menschen helfen, stets im Sinn der Lebensgesetze zu handeln. Daraus lässt sich nun seine zweite Grundfunktion ableiten: die des Dienens.

Dienen im Sinne des Lebensganzen ist das Wesen aller ech-

---

*) Das ist das Te im Sinne Lao-Tses, wie auch I. G. Weiss 51, 1 sinnrichtig sagt: «Tao gibt Leben dem Wesen, die «Natur» (= Te) fördert sie.»

ten Kräfte. Lao-Tse sagt vom Te im Menschen, dass es «hegt und pflegt; Werte schafft, ohne sie besitzen zu wollen; wirkt, ohne der Werke zu achten; führt, ohne zu herrschen» (10, 7—10); dass es «erzeugt, ohne etwas dafür haben zu wollen; dient, ohne etwas zu erwarten» (51, 7). In Te ist nie Negation, es ist das stets positiv Wirkende, «positiv» allerdings nicht im Sinn der menschlichen Nützlichkeitsethiken, sondern im Sinn der Erhaltung des Lebensganzen. Das Te macht sein Verhalten nicht von den ethischen Vorstellungen der Menschen abhängig; der Te-bestimmte Mensch ist «gut zu den Guten und gut zu den Nichtguten; denn sein wirkendes Selbst zwingt ihn zum Gutsein; er ist ehrlich zu den Ehrlichen und ehrlich zu den Nichtehrlichen; denn sein wirkendes Selbst zwingt ihn zum Ehrlichsein» (49, 2—3). Er kann also nicht fragen, ob man in dieser oder jener Situation noch gut und ehrlich sein darf, er ist es aus innerer Notwendigkeit, weil eben Nichtgüte, Unehrlichkeit und Unwahrhaftigkeit in jedem Fall lebenzerstörend sind und nicht das Leben fördern. Nur aus solcher Haltung heraus lässt sich nach 63, 4 auch der Hass in der Welt überwinden: «Begegnet dem Hass mit der innerlichsten Kraft eurer Herzen (wörtlich: mit eurem Te)!» Wer nicht so ganz aus seines Herzens Ursprünglichkeit (aus seinem Te) lebt, wird notwendigerweise nach 38, 2 ein Egoist. Der Te-bestimmte Mensch fragt auch nie nach seinem Recht, er kennt nur Verpflichtungen dem Leben und der Gemeinschaft gegenüber (79, 3). Er ist sittlich unabhängig und frei, lebt so gelassen und unbekümmert wie ein Kind (55, 1 und 20), ist frei von allem Aberglauben, unterliegt weder dem Einfluss der scheinbar guten Geister noch dem der dunklen und finsteren Gewalten (60). «Er will nichts sein und nichts haben» (77, 6). Er weiss um das Geheimnis, dass der, der andern dient, der sich fürsorglich um andere müht, grössere Kräfte erhält (59, 3—4), ja dass «die quellenden Kräfte in ihm kein Ende haben werden» (28, 6), wenn auch den meisten Menschen «die geheimnisvolle Macht aller im Selbst wirkenden Kräfte immer fremd bleibt» (65, 7). Selbst in sich zur Ordnung gekommen, fördert er die Ordnung seiner Umwelt (65, 8). Darum erwirkt Te als die grosse Ordnungsfunktion allüberall, wo sie wirksam werden kann, Frieden (68, 5).

Auf einen besonders wertvollen Hinweis, den Lao-Tse in 28, 1—2 gibt, sei noch hingewiesen: «Wer kraftvoll in seinem Mannestum wurzelt und zugleich empfänglich ist wie ein Weib, in dem vermag das strömende Leben zu gründen. Ist er das Strombett der Welt, so werden die im Selbst wirkenden Kräfte (das Te) ihn nicht verlassen, und er kehrt zu des Kindes Ursprünglichkeit zurück.» Damit hat Lao-Tse die Jung'sche Erkenntnis von dem animus und der anima in der menschlichen Seele vorweggenommen. Nur der Mensch, in dem sowohl das «Männliche» wie das «Weibliche» voll ausgebildet sind und sich im Wechselspiel des Zeugens und Empfangens, des aktiven Tätigseins und des passiven Erleidens befinden, kann voll strömenden Lebens sein, vermag wieder so ursprünglich und unbekümmert sich dem Leben hinzugeben, wie es ein Kind unbewusst tut. So wie alle Farbe das schöpferische Wechselspiel zwischen dem Lichten und dem Dunklen ist, ist auch alles Schöpfertum der Seele Ausdruck der immerwährenden Begegnung zwischen dem animus und der anima. In diesem Sinn ist Te auch dem Platonischen Eros gleichzusetzen, der «sowohl körperliche wie seelische Zeugung und Empfängnis im Schönen» bewirkt, wie es im «Gastmahl» Platons heisst. Nur dürfen wir Te nicht auf das Reich des Schönen beschränken, es wirkt in allen Wertbereichen gleichermassen, und nicht nur in diesen! Te zeugt und empfängt das Leben auch in sich selbst, hat nicht nur Leben, sondern ist auch Leben selbst.

So erkennen wir: Das Te wirkt im Sinne Taos im Einzelmenschen, ist die Kristallisation Taos in der Seele, löst alle hemmenden Kräfte, gibt Ursprünglichkeit und Lebensfülle, ermöglicht es dem Menschen, selbstlos zu dienen, und ohne nach Wertungen zu fragen, doch die höchsten Forderungen des Lebens zu erfüllen. Das Te ist, tiefenpsychologisch gesprochen, wirksam in den unterbewussten Ausgleichskräften des Lebens, vertritt, religiös bezw. christlich gesprochen, immer die Sache Gottes, ist, allgemein gesagt, die überindividuelle, stets auf die Erhaltung des Lebensganzen gerichtete

Zielkraft unserer Seele, die sowohl unsere persönliche Vollendung erstrebt wie unser Aufgehen in den grösseren Ordnungsgemeinschaften.

3. Te als die zentrale Führungskraft in der Menschheit und in den menschlichen Lebensbereichen

a) Te als die überindividuelle seelische Führungskraft

Te ist nach 54, 4—8 nicht nur das grosse Ordnungs-, Führungs- und Wirkungsprinzip im persönlichen Bereich, sondern auch die Führungskraft im Gemeinschaftsleben. Die Familie, jede grössere Gemeinschaft, auch das Volk und die Menschheit haben nach Lao-Tse ihr eigenes Te. Genau besehen ist zwar das Te im Einzelmenschen und das Te in den menschlichen Lebensbereichen ein einziges Te, eben die Urkraft des sich entfaltenden Lebens, die immanente Lebensvernunft als energetisches Prinzip gefasst; aber es wirkt sich doch jeweils in einer besonderen Weise aus. Zwar vermochte Lao-Tse über die weltschaffenden Lebenskräfte in den Gemeinschaftsseelen noch nichts Genaueres zu sagen, doch vermögen wir es nach 2500 Jahren? Zwei Erkenntnisse aber verdanken wir ihm, die erst in unserer Zeit in ihrer inneren Gültigkeit bestätigt wurden: Erstens, dass wir nicht nur in der Einzelseele, sondern auch in den grossen natürlichen Lebensverbänden der Menschheit überbewusst wirkende Führungskräfte anzunehmen haben, die aufs engste miteinander verflochten sind und, ineinander und durcheinander wirkend, das durch keine rationale Erkenntnis erfassbare Schicksal des Einzelnen, der Familien und Sippen, der Völker und der Menschheit bestimmen; und zweitens, dass sich diese überbewussten Führungskräfte durch bestimmte Leitfunktionen auszeichnen (die wir in den Abschnitten b—e kennen lernen werden, wenigstens, wie sie Lao-Tse sah).

Wir halten zunächst fest: Familien und Gemeinden, Völker (und vielleicht auch Reiche) und schliesslich die ganze Menschheit sind für Lao-Tse nicht mehr oder weniger zufällig entstandene Interessenverbände, nicht gesellschaftliche Zweckorganisationen, sondern urtümliche Gebilde m e n s c h l i c h e n Z u s a m m e n l e b e n s , organisch gewordene Lebensgemeinschaften, wie es wohl am deutlichsten aus seinem 80. Kapitel hervorgeht. Wohl weiss auch er von der «Masse» Mensch, der eine Frühlingsnacht und oberflächliche Vergnügungen alles bedeuten (20, 6), und die sich von Musik und von Schaustücken verlocken lässt (35, 3—4); aber in dieser seelischen Flachheit der Masse (zu der auch die oberflächlich dahinlebenden Herrscher gehören) sieht er gerade die Wurzel des politischen Zerfalls in seiner Zeit. Oberflächlichkeit zerstört immer das Gefüge der Gemeinschaft, zerstört jede Ordnung und beschwört Chaos herauf (26, 4). Die abendländischen Kommentatoren haben deswegen Lao-Tse als einen «Aristokraten» bezeichnet, der sich bewusst von der Menge distanziere. Dies trifft aber nicht den Sachverhalt. Lao-Tse, tief durchdrungen von der Notwendigkeit des Verbundenseins jedes Einzelnen mit dem Ganzen und von der Notwendigkeit des Sicheinfügens in die natürlichen Lebensordnungen der Familie, des Volks und der Menschheit ist, wenn wir schon auf einen ihn kennzeichnenden Begriff nicht glauben verzichten zu können, viel eher ein sozialer Humanist, dem es um die Durchgestaltung aller menschlichen Bereiche nach den höchsten inneren Forderungen geht.

Die Idee, dass die überindividuellen Lebensgemeinschaften des Menschen diesen entscheidend mitbestimmen, dass das, was grösser ist als der Mensch und in irgendeiner Weise eine Ganzheit darstellt, auch seine eigne Seele, sein eigenes Bewusstsein und seinen eigenen, mit dem Allwillen irgendwie übereinstimmenden Gestaltungswillen hat, findet sich bei allen tiefen Denkern der Menschheit, aber auch bei gesund empfindenden einfachen Menschen. Wir sprechen auch vom «Geist» einer Familie oder Sippe, von der «Seele» einer Gemeinschaft, vom «Charakter» eines Volkes, von den «Ideen» der Menschheit, wenn wir andeuten wollen, dass diese durchaus ein geordnetes Gepräge darstellen, das jeden einzelnen, der dazu gehört, mitbestimmt, und das sich durch die Generationen hindurch verfolgen lässt. Ein Volk ist seit Herder eine Volksindividualität mit eigener Volksseele und eigenem Gestaltungswillen, eigenem Te. Und wenn Goethe in seinem Gespräch mit Joh. Falk vom 25. 1. 1813 selbst Sonne, Mond und Sterne als kosmische Individualitäten betrachtet, die ihr eigenes Selbst haben, wenn die Historiker Ranke und Meinecke in ihren Fragen nach dem Sinn der Geschichte keinen anderen Ausweg finden, als dass sie die ganze Menschheit als ein grosses individuelles Gesamtgebilde glauben ansehen zu müssen, so ist dies im Grunde dieselbe Auffassung, die wir auch bei Platon, bei Plotin, den italienischen und deutschen Naturphilosophen und Mystikern in irgendeiner Form wiederfinden. Nach Platons Timaeus ist die Welt, der Kosmos, ein beseeltes und vernunftbegabtes Wesen, wie auch Sonne, Mond und Gestirne beseelte Wesenheiten darstellen; nach Plotin und den Neuplatonikern gehen im fortlaufenden Emanationsprozess die Einzelseelen aus der Weltseele hervor und müssen wieder zu ihr zurück, damit den unauflöslichen Zusammenhang aller mit allen und mit allem andeutend. Es trifft sich auch mit der indoarischen Auffassung, wenn es etwa in der Aitareya-Upanishad (III) heisst, dass das ganze Weltall vom Bewusstsein (hier im Sinne Tes) gelenkt ist, oder wenn es in der Svetasvatara-Upanishad heisst: «Kleiner als ein Atom, doch grösser als das Grosse, weilt es verborgen als das Selbst in dieser Menschheit.» Es hat alles seinen «antaryāmin», seinen «inneren Lenker», seinen ātman und puruṣa, sein göttliches Selbst, das so wirksam ist, dass der immanente Zielwille des Leben sich verwirklichen kann. Ohne dieses Verwobensein aller mit allem und von allem mit allem wäre es gar nicht verständlich, dass im Menschen eine Kraft zur Hingabe seiner Persönlichkeit an ein grösseres Ganzes wirksam werden und dass er, je tiefschichtiger seine Seele ist, um so mehr das grosse tat tvam asi, das grosse «Das bist Du!» erleben könnte.

Die Tiefenschichtigkeit der Seele entscheidet über die inneren Reifemöglichkeiten eines Menschen. Je tiefschichtiger ein Mensch ist, desto mehr kann er das Verflochtensein seiner Seele mit der der Familie, der Landschaft und Umwelt, des Volkes und Reiches und schliesslich der Menschheit (wenn wir in dem von Lao-Tse gesteckten Rahmen verbleiben wollen) erfahren. Die Einzelseele ist aber den verschiedenen Gemeinschaftsseelen nicht nur eingegliedert, sondern erhält überbewusst von ihr auch die entscheidendsten Impulse. Die soziale Frage, um ein konkretes Beispiel zu geben, wurde nicht durch einen Einzelmenschen ausgelöst, geht auch nicht auf die kapitalistische Wirtschaftsweise zurück, geschweige denn auf ein Versagen des Christentums — dies wäre alles viel zu oberflächlich gesehen —, sondern bricht seit etwa 200 Jahren aus dem Urwillen der Menschheit selbst auf, um die Menschen zur Brüderlichkeit zu erziehen. Die französische Revolution mit ihrer Forderung der Menschenrechte, die völkischen oder internationalen sozialistischen Bewegungen der Gegenwart, die Ideen der Völkerverständigung, des Völkerbundes und der Vereinigten Nationen, die Bemühungen um eine Welthilfssprache, ja um eine universelle Religion, sie alle sind Offenbarungsweisen des aus der Tiefenseele der Menschheit aufbrechenden Willens zur Brüderlichkeit. Das ist mindestens ein Sinn der an Tragik so überreichen Geschichte der letzten zweihundert Jahre, zugleich anschaulich erhärtend, dass irrationale Kräfte die Menschen und Völker zum Notwendigen zwingen (und sei es durch Katastrophen!), wenn sie selbst nicht gewillt sind, das Vernünftige, das von Te Geforderte, zu tun. Das ist die «List der Vernunft» im Sinne Hegels, die List des Zielwillens der Weltvernunft, die List Tes, den nichteinsichtigen Menschen zu zwingen, Wege zu gehen, die er gar nicht gehen will, um dennoch zu ihrem Ziele zu kommen. Das Te der Gemeinschaftsseelen ist eine urgewaltige dynamische Wirklichkeit, nicht eine «Tugend der Gemeinschaft». Die Urgewalt seelischer Energien, die hier sichtbar wird, lässt einen erschaudern. Siege und Niederlagen der Völker sind Schachzüge des wirkenden Urwillens des Lebens, um die Entwicklung des Lebens in der Menschheit in irgend einer Weise weiterzutreiben. Nur wenige Menschen vermögen in den geschichtlichen Ereignissen etwas von dem immanenten Zielwillen, der in den einzelnen Völkern und der Menschheit liegt, zu erkennen.

Das grosse Te der Völker und der Menschheit erstrebt nichts anderes als das kleine Te im Einzelnen und in der Familie; sie alle erstreben die bestmögliche Entfaltung des Lebensganzen. Wer also voll der in ihm wirkenden Führungskraft der Seele vertraut, erfüllt nicht nur sein persönliches Gesetz, sondern handelt zugleich auch in Uebereinstimmung mit dem Te der Familie, der Gemeinde, des Volkes und der Menschheit, selbst dann, wenn sein Handeln den in einer bestimmten Zeit vorherrschenden öffentlichen Meinungen aus innerer Notwendigkeit widersprechen muss.

b) das Te in der Familie

Lao-Tse versucht, wie wir eingangs andeuteten, dem Zielwillen in den einzelnen Lebensbereichen eine zentrale Eigenschaft zuzuordnen, wie wir aus 54, 4—8 erkennen können. Im Ich - gebiet, also im Lebensbereich der Persönlichkeit, offenbart sich ihm Te als «Ursprünglichkeit oder Echtheit», d. h. der einzelne Mensch kann sich nur insoweit mit dem Urwillen des Lebens, mit den Lebensordnungen als in Uebereinstimmung befindlich betrachten, als er aus seinem eigenen Ursprung heraus lebt, echt und wahr in seinen Empfindungen, Gedanken, Worten und Werken ist, und sich in jedem Augenblick bemüht, so wahrhaftig als nur möglich zu sein. Echtheit, Wahrhaftigkeit und Güte im Leben der Persönlichkeit sind die Grundlagen zu echter Gemeinschaftsbildung.

Die erste urtümliche Gemeinschaft ist die Familie. Das in ihr wirkende Te erstrebt — wie es R. Wilhelm in seiner Uebersetzung am treffendsten gefasst hat — des Lebens Fülle. Innerhalb der Familie, innerhalb der Ehe, soll des Lebens Fülle offenbar werden, das ist der Zielwille des Lebens! Eine Familie ist nur dann Te-gemäss, wenn in ihr nicht nur alle inneren Möglichkeiten, die in der Seele der Eltern und Kinder liegen, ganz zur Entfaltung und Vollendung kommen, sondern auch jene grosse Lebens- und Weltaufgeschlossenheit vorhanden ist, die zu grösserer Weite und Tiefe führt. Rabindranath Tagore sagte einmal, dass das

Heim zur Welt werden soll — und in seinem Roman «Das Heim und die Welt» hat er manches von dem aufgezeigt. Das ist das, was Lao-Tse meint. Nur wer die Welt in sein Heim aufzunehmen vermag, dem wird das Heim zur Welt, zu einer Quelle stets neu sich offenbarenden Reichtums. Die Fülle des Lebens wird in jedem ursprünglichen Menschen offenbar — im Grad seiner inneren Fassungskraft —; wenn sie in Vater und Mutter zugleich offenbar werden kann, muss eine solche Familie nicht nur eine Urzelle schöpferischer Lebensgestaltung werden (wozu notwendigerweise auch der Kinderreichtum gehört), sondern auch eine Urzelle der Kultur. Doch in welcher Familie spürt man noch etwas von der Fülle des ganzen Lebens? Wem ist die Familie noch eine Offenbarungsstätte der Weltvernunft und zugleich der Ort seiner schönsten und innigsten Verwirklichung? Als Persönlichkeit ist der Mensch sein eigener Organismus, als Ehepartner ist er nur Organ im Organismus der Familie, muss er sich aufgeben und dienen, verliert er seine Selbständigkeit und gewinnt doch gerade dadurch des Lebens inneren Reichtum. Das sind die grossen, geheimnisvollen Wechselwirkungen, die sich von selbst einstellen, wenn der Mensch innerlich echt und ursprünglich lebt. Die Welt ist arm an Originalen geworden, weil nur wenige noch ursprünglich leben, und sie ist arm an grossen Ehen geworden, weil so wenige etwas von der Führungskraft in der Familie wissen, weil das All keine Wiege mehr in den Ehen hat, der Urwille des Lebens sich so selten verkörpern kann.

c) Das Te in der Gemeinde

Die nächst höhere Gemeinschaftsebene ist für Lao-Tse die Gemeinde, wir könnten auch sagen die dörfliche Siedlungsgemeinschaft oder der Lebensumkreis des Menschen. In der Gemeinde offenbart sich das Te durch «Beständigkeit», durch treue Hingabe. Das mag zunächst überraschen; denn von innerer Beständigkeit, von treuer Hingabe, von wachsender Aufopferung muss ja jede Lebensgemeinschaft getragen sein. Aber Lao-Tse ist Menschenkenner. Er weiss, dass sich diese Beständigkeit im Ich-

und im Familienbereich eigentlich von Natur aus schon von selbst ergibt. Sobald es aber über die Familie hinausgeht, macht der Mensch seinen Einsatz von mancherlei Bedingungen abhängig. Sind die Voraussetzungen, die ihm notwendig erscheinen, nicht mehr gegeben oder ändern sie sich, so neigt er sehr dazu, sich vom Dienst an der Gemeinschaft zurückzuziehen. Unabhängig aber von allen persönlichen oder politischen Schicksalsfällen zum Dienst bereit zu sein, das setzt wirkliche Reife, eine Unerschütterlichkeit des Herzens und der Seele und eine innere Folgestrenge voraus, wie sie nur ein Mensch haben kann, der echt ist und sich in jedem Fall auch von seiner Familie getragen weiss und in ihr die ruhende Mitte hat. Ohne das Geborgensein im Heim gibt es keine Beständigkeit im Dienst für die Heimat. Der Dienst an der Gemeinschaft, in die einen das Leben schicksalhaft hineingestellt hat, ist immer zugleich ein Dienst an den höheren Formen der Lebensgemeinschaften. Wenn die Gemeinden die Lebensordnungen verwirklichen, vermag es auch ein Volk. Die Organe müssen gesund sein, wenn der grosse Organismus gesund sein soll. Sind diese gesund, so greift die Selbstordnung des Lebens auch auf die grösseren Bereiche über. (Dass auch umgekehrt die höheren Ordnungsformen auf die niederen wirken, werden wir in anderen Zusammenhängen ebenfalls erkennen. Hier liegt zunächst nur der entscheidende Nachdruck darauf, dass jede soziale Gesundung «unten», d. h. beim Einzelnen, in den Ehen und Gemeinden beginnen muss.)

f) **Das Te im Volk**

Im Bereich der **Volksgemeinschaft** offenbart sich Te durch seine **innere Mächtigkeit**, wörtlich: Te ist überreich. Wir meinen mit «innerer Mächtigkeit» die Kraft und den Reichtum der im Volke vorhandenen seelischen Kräfte, den Herzensreichtum eines Volkes, sein kulturelles Schöpfertum, den Grad seiner menschheitlichen Reife und den Grad des Gehorsams gegenüber den Gesetzen des ewig wirkenden Lebens. Wir stellen diese innere Mächtigkeit jenem äusseren Machtwillen gegenüber, der in der politischen und militärischen, in der wirtschaftlichen und technischen Stärke eines Volkes die Grösse seiner Macht zu sehen glaubt, und der an den irrationalen Imponderabilien, die die Geschicke eines Landes entscheidend mitbestimmen, völlig vorübergeht. Gandhi verkörperte in seiner indischen Politik das von Lao-Tse Gemeinte, Kaiser Aschoka hatte es mehr als 2000 Jahre vorher ebenfalls versucht (272—231 v. Chr.); in keinem abendländischen Volk vermochte eine Volksseele sich so rein nach ihrem höchsten Gestaltungswillen in einer Herrschergestalt zu offenbaren wie in diesen beiden Männern. Die Völker scheinen ferner als je der Aufgabe gegenüber zu stehen, als Volksindividualitäten sich als Organe im Organismus der Menschheit zu erkennen. So ist die Erkenntnis des Lao-Tse um so verpflichtender, und sein Maßstab, den er anlegt, um den wahren Reife- und Tauglichkeitsgrad eines Volkes zu erkennen, um so verbindlicher.

Man hat Lao-Tse als einen politischen Utopisten bezeichnet. Die geschichtliche Erfahrung zeige, dass Völker ohne Machtwillen zugrunde gingen. Abgesehen davon, dass z. B. die Geschichte der Schweiz das Gegenteil beweist, zeigt die geschichtliche Erfahrung doch zugleich, dass, ebenso wie der Eigenwille im Einzelnen, so auch der egoistische Machtwille der Völker nur kulturzerstörend gewirkt hat und gerade im Abendland nicht nur immer wieder erschütternde Katastrophen heraufbeschwor, sondern auch zu einer immer grösser werdenden religiösen Verflachung führte. Das Abendland hat den «anderen» Weg, den Weg Gandhis und Lao-Tses, noch nicht beschritten; es hat deswegen auch kein Recht, diesen Weg zu verurteilen; zumal dieser an sittlicher und religiöser Würde unvergleichbar höher steht und wirklich Ausdruck höchsten Menschentums ist.

e) Das Te in der Menschheit

Die Menschheit ist die grösste Lebensgemeinschaft der Menschen. Die Auffassung vieler Uebersetzer, nach denen «das Reich» die höhere, über das Volk hinausreichende und höchste Lebensgemeinschaft des Menschen wäre, dürfte weniger richtig sein als die, dass Lao-Tse die Welt, eben im Sinn der Menschenwelt, gemeint habe. Zwar wäre ein Reich vielleicht die höchste von einem einzelnen Menschen wirklich erlebbare Gemeinschaftsform, und vielleicht war es ursprünglich von Lao-Tse auch so gemeint, der ja selbst im Reiche der Chou-Kaiser lebte, doch, nachdem wir im Te den Urwillen und die Urkraft des Lebens erkannten, dürfte es richtiger sein, die Menschheit, auch rein vom Biologischen her, als den höchsten organischen Lebensverband der Menschen zu betrachten. Das Te der Menschheit sei nun durch das A l l u m f a s s e n d e, wir könnten vielleicht auch sagen: durch das alle Umfassende oder durch das alles Umfassende, durch das Allgemeine, das allen Gemeinsame, gekennzeichnet. Anders gesagt, das Te der Menschheit wirkt alles, was die Menschen zusammenzuführen vermag, was sie miteinander verbindet, was sie eins sein lässt mit sich und mit dem All; es wirkt jene universelle Liebe, die die Schranken der Geburt und der Religion, des Alters und des Geschlechts, der Vorurteile und falschen Erwartungen, überwindet. Das Te der Menschheit spricht aus Herder, wenn er in seinen Christlichen Schriften sagt: «Die reinste Menschlichkeit, sie allein, kann Dir, dem Menschen, Religion sein.» Allumfassende reinste Menschlichkeit — mit ihr kann die «Würde des Menschen» (Schiller) am klarsten umrissen werden; sie ist auch der Schlüssel zur echten Lösung der sozialen Frage, zur wahren Brüderlichkeit. Freilich, voll wirksam kann die Führungskraft der Menschheit nur in einer Persönlichkeit werden, die sowohl dem in ihr selbst wirkenden Gestaltungswillen als dem der Familie, der Gemeinde und des Volkes gehorsam war. Es gibt kein höchstes Wirken unter den Menschen im Sinne aller — auch der irrational verbleibenden — Lebensordnungen, das nicht von der Ursprünglichkeit, Wahrhaftigkeit und Echtheit einer Persönlichkeit getragen ist, das nicht in der Lebensfülle einer Familie wurzelt, sich in der Beständigkeit dienender Hingabe in einer Gemeinde erprobt hat, aus der inneren Mächtigkeit völkischen Lebens quillt und fähig ist, alle Lebenswirklichkeiten voll zu umfassen und sich dienend zu verzehren.

Dieser Maßstab ist unerbittlich. Ein Politiker ist nur soviel wert, als er Charakter besitzt. Die menschliche Reife des Politikers ergibt den Maßstab für den Wert seiner Politik. Wer sich in seiner Familie nicht bewährte, kann niemals seine Gemeinde oder sein Volk wahrhaft fördern. Wer sich nicht selbst erkennt, ist auch unfähig, die viel grösseren seelischen Weiten und Tiefen, die viel umfassenderen positiven und negativen Möglichkeiten, die in einem Volke liegen, zu erfassen und dieses im Sinn der hohen Lebensführung richtig zu lenken.

Lao-Tse zieht aus dem in 54, 4—8 Gesagten noch einige Folgerungen (Vers 9—13). Man hat diese Sätze teilweise als Glossen betrachtet. Doch sie wollen noch auf etwas Entscheidendes hinweisen. Erstens darauf, dass man bei Vergleichen auf derselben Vergleichsebene bleiben muss (Familie kann nur mit Familie, Volk nur mit Volk verglichen werden), und zweitens, dass nur nach dem Grad der eigenen Reife (bezw. dem Reifegrad der Familie usw.) eine Beurteilung berechtigt ist. R e c h t z u r K r i t i k g i b t e s n u r i m M a ß s t a b d e r e i g e n e n L e i s t u n g. D e r r e i f e M e n s c h a b e r k r i t i s i e r t n i c h t m e h r, e r h i l f t d i e n e n d :

«Nach Deiner eigenen Reife erkenne die andern.
Nach der Reife Deiner Familie miss die andern Familien.
Deine Gemeinde sei der Maßstab für die andern Gemeinden.
An Deinem Volk miss die andern Völker.
Nach Deiner Menschlichkeit beurteile die Menschheit.
Wodurch erkenne ich dieses Ordnungsgesetz in der Welt?
Durch es selber!»

Damit dürften die beiden Grundbegriffe des Tao-Te-King inhaltlich geklärt und dem Verständnis unserer Gegenwart näher gebracht worden sein. Weil Lao-Tses Erkenntnisse nur Hinweise auf die dahinter liegenden Wirklichkeiten sein wollen und nie diese selbst, bleiben wir auch dem Geiste Lao-Tses treu, wenn wir das von ihm Gemeinte, soweit wie wir es zu erkennen glauben, in den Worten unserer Sprache zum Ausdruck bringen. Seine Erkenntnisse sind Samenkörner der ewig sich gleich bleibenden und doch zugleich ewig sich wandelnden Wahrheit. Sie gehen in uns auf, wenn wir sie in den Mutterboden des Herzens legen; sie gehen zugrunde in der Sandwüste des Verstandes.

In den folgenden Abschnitten wollen wir die an den Grundbegriffen gewonnenen Erkenntnisse noch weiter vertiefen.

V. Von der Weltordnung

1. Vom Wesen des Seins

Welche Hinweise gibt Lao-Tse über das innerste Wesen des Seins bzw. des Nichtseins? Er sagt: «Wesenlos (leer) ist das Unergründliche (Tao), die Wesen lösend von ihrem Sein; abgründig tief ist es, alles Seienden Grund (oder: der zehntausend Dinge Ahn)» (4, 1), und er fährt in den Versen 3—5 fort: «Quellgrund des Schweigens, nicht scheinst Du zu wirken. Ich weiss nicht, woher Du kommst; Du bist früher als alles, was wir erkennen» (wörtlich: Du scheinst älter als Ti — der Himmelsgott — zu sein). In Kapitel 6, 1—4 zitiert er Sätze, die nach Lieh-Tse auf Huang-ti, den «Gelben Kaiser» zurückgehen: «Unvergänglich (d. h. todlos) ist der Geist der Tiefe. — Es ist das Urmütterliche. In des Urmütterlichen Schoss wurzeln Himmel und Erde. Es ist der Urquell des Lebens, der mühelos aus sich selber quillt.»

Daraus ergibt sich zunächst: Tao als das Unergründliche ist «wesenlos», ist «leer». Wir dürfen es daher mit keinem der in der abendländischen Philosophie gebräuchlichen Substanzbegriffe näher kennzeichnen wollen; denn es ist «substanzlos», ist ein «Nichts», im Sinne des Erkenntnis-Nichts — wie es auch Buddha betrachtet. Dieses «Nichts» ist zwar eine Wirklichkeit, aber so abgründig tief, dass sie selbst die Götter nicht zu erfassen vermögen. Lao-Tse wagt kaum zu sagen, dass Tao aus sich selbst komme; es ist älter als alles Erkennbare, selbst älter als die Götter der Volksreligion, als Ti der Himmelsgott. Es hat keinen von Menschen feststellbaren Ursprung. Darum sagt er schlicht: «**I c h w e i s s n i c h t, w o h e r D u k o m m s t.**» Welch echte Bescheidenheit spricht aus solchem Bekenntnis!

Immer greift der menschliche Geist zu **B i l d e r n**, wenn er das Geheimnisvolle begrifflich nicht erfassen kann oder aber sich scheut, es durch Begriffe mit dem Siegel der Bestimmtheit zu versehen. «Bilder» sind umfassendere und «bildendere» Wirklichkeiten als Begriffe; denn sie steigen aus tieferen seelischen Schichten auf. Darum nahm Lao-Tse jenes alte Zitat in seine Worte auf, das mit den Bildern vom «Geist der Tiefe» oder dem «Talgeist», vom «Urmütterlichen» und vom «Schoss des Urmütterlichen» in jene tieferen seelischen Schichten greift.

Ueber das, was mit dem «Geist der Tiefe», mit dem «Talgeist» bezw. der «Gottheit des Quelltals» gemeint ist, sind sich die Gelehrten nicht einig. Religionspsychologisch betrachtet, dürfte es keine entscheidenden Schwierigkeiten machen. Lao-Tse kann vom Talgeist ausgegangen sein. Täler sind für ihn beliebte Sinnbilder für die Einheit des Wirkens und Nichtwirkens im Lebendigen (vgl. 8, 1; 15, 9; 28, 1—2; 34, 1; 61, 1; 66, 1; 78, 1). Nach dem Glauben des chinesischen Volkes haben alle Täler auch ihre «Geister», ihre geistigen Wesenheiten, ihre wirkenden, unvergänglichen Kräfte. So könnte es sein, dass Lao-Tse sagen wollte: Seht die Täler an, so unvergänglich wie ihre Geister sind, so unvergänglich ist Tao; so geheimnisvoll wie sie sind, so geheimnisvoll ist Tao.

Selbst wenn diese erste Annahme, dass Lao-Tse in seinen Vorstellungen vom Talgeist ausgegangen sei, stimmen würde, dürften wir nicht vergessen, dass jede Erkenntnis, ebenso wie jede Wirklichkeit, ihre eigenen Tiefenschichten hat — unter Umständen abgründig tiefe! —, in die allerdings nur derjenige dringen kann, der das entsprechende Erkenntnisorgan und die entsprechende Reife für das Tiefgründige der Seele und der Welt hat. So müssen wir von dem an der Erkenntnisoberfläche verbleibenden «Talgeist» aus schon noch etwas weiter zum «Geist der Tiefe» vorstossen. Dann dürfte sich folgendes ergeben: Mit dem Tal - G e i s t sollte nicht nur die tälerschaffende Naturkraft verehrt werden, also e i n e der Kräfte, die der Erdoberfläche ihre Gestalt geben, sondern d i e aus dem innersten Seinsgrund der Welt aufsteigende, gestaltgebende Kraft der Schöpfung überhaupt. Das T a l oder die T i e f e ist nach Süe Hui, dem bedeutendsten mittelalterlichen Kommentator, das, «was noch kein Dasein hat», also das, was erst durch die gestaltgebenden, wirkenden Kräfte, durch den Geist, Dasein und Gestalt gewinnt. Der «Geist der Tiefe» ist dann das im Gestaltlosen wirkende und gestaltschaffende Prinzip. Von ihm wird nun zweierlei gesagt: Erstens, dass dieses Prinzip unvergänglich oder todlos ist, dass es sich also um ein immerwährendes Prinzip handelt, zum andern, dass es das Urmütterliche sei (6, 1—2). Das «Urmütterliche» ist, wie alle religionsgeschichtlichen und psychologischen Untersuchungen ergeben haben, immer jene Ureinheit des Lebens, die noch keine geschlechtliche Differenzierung kennt, in der das aktive und das passive Prinzip noch nicht wirksam wurden. So will Lao-Tse also sagen, dass Todlosigkeit, Unvergänglichkeit nur im Bereich des noch nicht wirksam Gewordenen ist, eben im Unergründlichen. Wo aber das Passive empfänglich und das Aktive zeugend wird, wo Geburt werden kann, da ist auch der Tod. «Himmel und Erde» — wiederum im Sinn des aktiven und des passiven Prinzips, des Lichten und des Dunklen — «wurzeln» in des Urmütterlichen Schoss. Der Keim alles Werdens ruht im Unergründlichen: «Die Keimkräfte erwirken die Wirklichkeit, sie selbst sind von der letzten Wirklichkeit erwirkt» (21, 6). Alle Ursprünge des Seins und alle Wurzeln der geistigen Erkenntnis reichen in den dunklen Mutterschoss der Welt zurück, in das «Reich der Mütter», wie es Goethe nennt; sie gewinnen erst «Leben», wenn sie aus ihm aufsteigen. — Für das mütterliche Prinzip wählte Lao-Tse im Text das Bild der grossen Tiergöttin, aus derem Schosse alles Leben quillt, ebenfalls ein Sinnbild für das Urmütterliche als der Ureinheit alles Lebens. Erklären und begrifflich fassen lässt sich für Lao-Tse der Weltenursprung nicht; er bleibt so geheimnisvoll wie das aus dem Mutterschoss quellende Leben ewig geheimnisvoll bleibt. Und wenn er in 52, 1 direkt sagt: «Das Unergründliche ist der Mutterschoss der Welt», so sehen wir, wie er immer wieder in seinen Bildern am Mütterlichen haftet, wie glücklich er ist, sich am «Herzen der Weltenmutter» (20, 17) geborgen zu wissen. Dies macht es auch wahrscheinlich, dass er noch unter dem Einfluss des mutterrechtlichen Denkens seiner Vorzeit stand, abgesehen davon, dass seine Seele — eines Mannes Seele — von einer ausserordentlichen Empfänglichkeit war.

Auch der letzte Satz des 6. Kapitels hat mannigfache Uebersetzungen und Fassungen erfahren. Im Kreis der eben aufgezeigten bildhaften Vorstellungen verbleibend, heisst es: «Es (d. h. das Urmütterliche) ist der Urquell des Lebens, der mühelos aus sich selber quillt.» Andere sprechen vom endlos Drängenden, von einem endlosen Faden, von langen, langen Atemzügen; immer aber wird mit diesen Bildern von dem Unaufhörlichen gesprochen, das mühelos wirksam ist. In dieser Mühelosigkeit der Entfaltung des Seins liegt etwas von der Urlust der Schöpfung, von ihrer spielerischen Entfaltung, mit der sie auch, wie wir noch sehen werden, das Geschaffene wieder auflösen kann.

In 42, 1—4 wird der Werdeprozess in seiner nüchternsten Form zusammengefasst: «Aus dem Unergründlichen erquoll das Eine, aus dem Einen ward das Zweite, aus der Zweiheit das Dritte, aus der Dreiheit das Viele.» Lao-Tse sagt nicht, was er mit dem Einen, Zweiten und Dritten meint; er gibt keine ins einzelne gehenden qualitativen Bestimmungen, nur mathematische Sinnbilder für den grossen Ordnungszusammenhang zwischen dem Unsichtbaren und dem Sichtbaren und innerhalb des Seins selbst. Es ist daher fraglich, ob die chinesischen Kommentatoren, zu sehr von der altchinesischen Naturphilosophie beeinflusst, und die modernen Ausleger, zu sehr auf Erklärung bedacht, der Auffassung Lao-Tses wirklich entsprechen, wenn sie diesen Sätzen folgende Bedeutung geben: Aus dem absoluten, nichtwirkenden Tao — über das nichts ausgesagt werden kann — gehe als erstes begrifflich Fassbares das wirkende Tao als das Erste oder Eine, als die Ureinheit des Seienden hervor; aus dem Tao als wirkendem Prinzip entspringe das Yang und das Yin in seiner Zweiheit, die Polarität des Seins; aus diesem entspringe als Drittes die Lebenskraft, Ch'i genannt, die nun ihrerseits alle Vielfalt des Lebens wirke. Bildsymbolisch wird es im Chinesischen folgendermassen wiedergegeben:

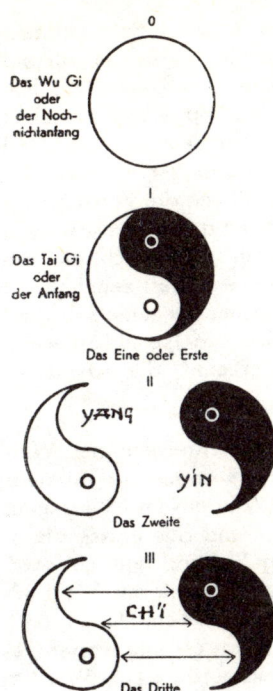

Das absolute (ch'ang) Tao, das unoffenbare, reine Tao, das tiefste «Geheimnis der Geheimnisse», das Unergründliche.*)

Das wirkbereite, in Erscheinung tretende, begrifflich fassbare (ju-ming) Tao, die Ureinheit des Lebens, das «Tor zum letzten Geheimnis», des «Urmütterlichen S c h o s s».

Die beiden polaren, welt- und lebenschaffenden Prinzipien: Yang, das «Männliche» und Yin, das «Weibliche».

Yang und Yin, die beiden Schöpfungsprinzipien, werden durch Ch'i, die Lebenskraft, als der «Resultanten der wirkenden Kräfte» (Weiss), gestaltwirkend. Durch Ch'i kann das «Viele» werden.

Lao-Tse selbst gibt keine solche «Kosmogonie», die der theologischen Spekulation späterhin Tür und Tor geöffnet hat, sondern will nur seiner Ueberzeugung von der Entfaltung des Tao aus dem Einen in das Viele Ausdruck geben, ohne sich mit den Vorstellungen der altchinesischen Naturphilosophie ganz zu identifizieren. Er bleibt auch als Philosoph bescheiden und hat es nicht nötig, seinen Erkenntnissen eine interessante, nur den spekulativen Verstand reizende Betonung zu geben oder sie systematisch zu spezialisieren.

*) Kreis als Zeichen O = die Ur-Ei-Samen-Energie im Schoss und Quellgrund allen Lebens des Universums.

Das «Eine» ist daher auch nur sehr bedingt dem Ureinen der christlichen Mystiker gleichzusetzen; es soll ja nur auf das der Erkenntnis noch zugängliche Erste hinweisen. Nie vermag ein Mensch die Art der Verkoppelung zwischen dem Nichtsein und dem Sein, zwischen dem Innersten und Aeussersten, zwischen dem «Wesen» und der «Gestalt» zu erfassen (1, 6). — Ebenso geheimnisvoll wie die Verknüpfung von Nichtsein und Sein bei der Entfaltung des Seins ist auch die Art der Rückverbindung vom Sein in das Nichtsein, die «Rückkehr zur Wurzel», die «Heimkehr der zehntausend Dinge» (16, 4), die von den Wenigsten als eine Seinsnotwendigkeit erkannt wird. Darum fügt Lao-Tse hinzu: «Wer die Rückkehr ins Unvergängliche erkennt, der ist weise» (16, 6).

Lao-Tse nimmt also einen unendlichen Kreislauf des Werdens und Entwerdens an; er erschliesst es aus der Tatsache, dass sich das Sein als eine Welt des Werdens und Vergehens offenbart. Was jenseits des Anfangs und des Endes dieses Werdeprozesses ist, wie dieser ausgelöst und beendet wird, all das bleibt ein ebensolches Geheimnis wie das Wechselspiel zwischen dem Ergründbaren und dem Unergründbaren. «Alles Lebendige ist dem Wechsel unterworfen: es entfaltet sich und kehrt zum Urgrund zurück» (16, 3). «Was sich aus dem Urgrund erhebt, kehrt in den Urgrund zurück; aus dem Urgrund des Seins wallen die Wesen zum Leben, aus dem Unergründlichen selbst erhebt sich das Sein» (40, 1—4). «Es kreist anfangslos durch das All und sinkt endlos ins Nichts» (14, 6). «Ausgang aus dem Nichtseienden in das Seiende ist Geburt, Heimkehr in das Nichtseiende ist Tod» (50, 1). Kapitel 51, 1—4 fasst die metaphysischen Erkenntnisse zusammen: «Aus dem Unergründlichen (Tao) steigt das Leben auf, erhalten wird es durch die Urkraft des Lebens (Te), offenbar wird es durch das Leibhafte, vollendet durch den Zielwillen des Lebens.» Der menschliche Geist kann nur annehmen, dass alle wirksamen Kräfte, die «Geist-, Form- und Keimkräfte» nach 21, 3—5, aus einem Urgrund, aus einer letzten Wirklichkeit hervorgehen. Lao-Tse stellt daher keine Postulate des Glaubens und keine Lehren auf; er hat den Mut und die Kraft, seine Erkenntnisse so einfach zu halten, so zu «verdichten», dass man schon selbst etwas von der Wahrheit, dass das Tiefste und Höchste zugleich das Einfachste ist, erlebt und erkannt haben muss, um ihn voll zu erfassen. Das ist der Grund, warum sein Tao-Te-King das kürzeste, nüchternste und zugleich erhabenste Buch der Menschheit geworden ist. Kein heiliges Buch hat solch edles Mass, solch «heiliges» Nüchternsein! Selbst wo wir, wie in 34, 1, sein Ergriffensein mit den Worten: «O Du überströmendes, alles überflutendes Wesen» zum Ausdruck brachten, sagt er nur, nüchtern feststellend: «Tao ist überschwemmend, o, es kann auf der Rechten und auf der Linken sein», und man sieht im Geist, wie der Hoang-ho über die Ufer tritt, das Land — scheinbar zerstörend — befruchtend.

2. Von der Einheit des Seins

Die Welt der Erscheinungen, das «Viele», ist voller Mannigfaltigkeit. Sie scheint sich in die unendliche Welt des Einzelnen zu verlieren. Alles ist im Werden, in ständigem Fluss. Und doch erscheint dies nur dem Menschen so, der in seinen Sinnen immer wieder am Individuellen haften bleibt, und sich mit seinem Bewusstsein nur langsam an die grossen inneren Zusammenhänge der vielfältigen Erscheinungswelt heranzutasten vermag. Wir können aber über das sinnlich Wahrnehmbare und über das Verstandesmässige hinaus erkenntnismässig auch durch unser Ahnungsvermögen, durch unmittelbareres Erfassen und echte Intuition an Wirklichkeitsbereiche herankommen, die umfassenderer Art sind als die rational erfassbaren.

Zu den grossen erahnten philosophischen und religiösen Wahrheiten gehört diejenige von der Einheit und Ganzheit des Seins. Es sind mannigfache Erlebnisse und Erkenntnisse, die den Menschen zu dieser Ahnung führen: Er erlebt sich selbst als biologisch-geistige Einheit, erlebt in Liebe und Ehe und in mannigfachen Gemeinschaften die Einheit mit einem Du oder mit dem Wir; erlebt sie, wie vielleicht der Inder, mit Tier und Pflanze, mit der ganzen organischen Natur. Die Einheit und Ganzheit unserer Erde, des Sonnensystems, der Milchstrassensysteme, ja des ganzen Kosmos, ist für uns schon eine wissenschaftliche Gegebenheit geworden. Geburt und Tod werden dem Besinnlichen nur zu scheinbaren Gegensätzen; ob man vom Sein oder vom Werden spricht, ist relativ. Irgendwie wird jeder für grössere Zusammenhänge ansprechbare Mensch von diesen ergriffen, und seine Seele öffnet sich den Urrätseln des Seins und des Lebens und dem Urrätsel der Einheit und Ganzheit alles Wirklichen.

Ein von solchen letzten grossen Zusammenhängen innerlich ergriffener Mensch wird nun je nach seiner seelisch-geistigen Struktur diesem Ergriffensein auch Ausdruck geben, sei es in schwärmerischen Gefühlen oder in mystischen Gedanken, sei es in einem künstlerischen Werk oder einer philosophischen Spekulation. Und wenn es ein kleiner Geist ist, dann glaubt er in s e i n e r Ahnung eine «Offenbarung» gehabt zu haben, und nimmt das Erschaute, Erfühlte, Erahnte oder Erkannte als unumstössliche Wirklichkeit und wird ein — Sektierer. Ist er aber wahrhaft ein Erkennender, so weiss er, dass auch die tiefste oder höchste Erkenntnis immer nur eine erste ferne Morgenröte bleibt, in deren Schein nur undeutlich sich einige Erkenntnisumrisse aus dem Schattenreich des Geheimnisvollen, aus dem Dunkel der verborgenen Wirklichkeiten, erheben. Er verliert sich nicht sofort in Spekulationen, sondern hält schauend inne, ob die Morgenröte das, was er zu sehen glaubt, weiter erhellen wird, ob die Morgennebel selbst die ersten Umrisse wieder verwischen, ob es Einbildung oder Wirklichkeit war.

In seinem 39. Kapitel singt Lao-Tse das hohe Lied von der Einheit des Seins — doch es ist kein Sang, es ist eine ruhige, prosaisch anmutende Wiedergabe einiger Erkenntnisse. «Alles hohe Sein ist Ausgliederung aus dem All-Einen, in sich selber wieder eins», so gaben wir in freierer Fassung wieder, wo er nur schlicht sagt: «Die einst die Einheit erlangten», um zugleich eine Zusammenfassung von dem in den Versen 2—8 Gemeinten zu geben. Er will ja nur einige Beispiele geben, durch die er erkannte, dass es im Kosmos einige Wirklichkeitsbereiche gibt, die in sich geschlossene Einheiten darstellen, und die früher sein müssen als der erkennende Mensch. Kennzeichnend ist aber nun, dass er gleichzeitig mit angibt, wodurch ihm die Einheit der genannten Wirklichkeitsbereiche aufging. Wir sehen, dass ihm die O r d n u n g das kennzeichnende Prinzip für den himmlischen Kosmos, F e s t i g k e i t das für den irdischen Bereich, W i r k s a m k e i t das für die aktiven, für die geistigen Kräfte, E r f ü l l u n g das für die passiven, die empfänglichen Kräfte, F r u c h t b a r k e i t als das wesentliche Kennzeichen für alles Lebendige erscheint, und dass schliesslich ein Herrscher, der im Einklang mit allen Wirklichkeiten lebt, sich durch V o r b i l d l i c h k e i t auszeichnet.

Dass O r d n u n g ihm zu dem kennzeichnenden Prinzip des Himmels wurde, ist angesichts der Majestät des gestirnten Himmels und der unmittelbaren Schau der regelmässigen Ordnung der Sonnen-, Mond- und Planetenbahnen auch uns ohne weiteres verständlich. Dass dem Himmel gegenüber, der sich, von den Sternen abgesehen, durch eine ungeheure Leere auszeichnet, das Ordnungsprinzip der Erde «Dichte» oder F e s t i g k e i t ist, leuchtet ebenfalls ohne weiteres ein. Schwieriger zu verstehen sind die folgenden Verse. Was wir in Vers 4 mit den «geistigen» Kräften oder Wesenheiten wiedergegeben haben, sind bei Lao-Tse wohl, wie im Li-Gi, dem Buch der Sitte, alle «seltsamen Dinge», besser Kräfte, die zwar nach ihren Wirkungen, nicht aber in ihrem Wesen erkannt werden können. Da «Geist» im I-Ging (App. 3) zugleich das «Unermessliche von Yin und Yang» heisst, so dürfte Lao-Tse das schöpfungwirkende geistige Prinzip schlechthin gemeint haben. Er mag dabei, in Uebereinstimmung mit der altchinesischen Philosophie, im einzelnen zunächst an die «himmlischen Geister», an die Selbstheiten der Sonne und des Mondes, der Planeten und der Fixsterne gedacht haben, dann aber auch an die sonstigen kosmischen und atmosphärischen Kräfte, schliesslich aber auch an die Geister der Heroen und aller grossen Menschen, kurz, wie das zugehörige Prinzip der Wirksamkeit eindeutig erklärt, a n d i e w i r k e n d e n L e b e n s m ä c h t e in N a t u r und M e n s c h e n l e b e n, keinesfalls nur, wie viele meinen, an den menschlichen Intellekt. Lao-Tse muss ein Ahnen erfüllt haben, dass alle wirkenden Kräfte in einem einzigen grossen Kräfteorganismus zusammengefasst sind, dass das ganze Sein ein einziges Energiefeld ist, dass alles «Wirkende» «Geist» ist. Wir wollen es nicht ausdeuten. Nichts zeugt mehr von der Echtheit und Eigenständigkeit der Erkenntnisse Lao-Tses als die ungeheure Dichtigkeit und Tiefschichtigkeit seiner Begriffsinhalte, die wahrhaft aufzulösen und zu ergründen uns Abendländern kaum gelingt. Es sind «Urrätselworte», so wie sie Platon bei Heraklit fand, Worte, deren Inhalt unsere Vorstellungskreise sprengen.

Das gilt auch für den 5. Vers. Auch hier scheint unklar zu sein, was eine «Einheit» erlangte. Sind es die Talgeister der Tiefe, wie Rousselle meint, oder die Täler bezw. das Tiefe, wie Weiss, Schröder und Wilhelm sagen, oder das Hohle, wie Ular glaubt? Da das kennzeichnende Prinzip E r f ü l l u n g ist, das Erfülltsein oder Erfülltwerden, dieses aber als ein weibliches Prinzip angesehen werden muss, so wie die «Wirksamkeit» in Vers 4 ein männliches Prinzip ist, so haben wir zu den Versen 2 und 3, in denen vom «männlichen» Himmel (Yang) und der «weiblichen» Erde (Yin) gesprochen wird, eine deutliche Parallele. Es dürfte mit den «Geistern der Tiefe» (in Vers 5) ein ebenso umfassendes Prinzip gemeint sein wie mit den «Geistern der Höhe» (in Vers 4). Haben wir in diesen, wie wir oben sahen, die aktiven, die wirkenden und weltschaffenden Kräfte zu sehen, den Gestaltungs- und Zielwillen der Schöpfung, so dürfte es sich bei jenen, genau so wie im 6. Kapitel, um die passiven, Weltgestaltung ermöglichenden Kräfte handeln, um das, an dem sich das aktive, zeugerische Geschehen vollziehen kann. Der Sinn ist dann, dass allem, was sich dem Gestaltungswillen zu öffnen vermag, dass a l l e m E m p f ä n g n i s f ä h i g e n, a l l e m E r l e i d e n s f ä h i g e n, a l l e m W e r d e b e r e i t e n E r f ü l l u n g w i r d : Die Erde empfängt den Himmel und erfüllt sich, der Allgeist zeugt sich in die empfängliche Seele und erfüllt sie, das hohle Gefäss nimmt die Flüssigkeit in sich auf und hat Inhalt, das Tal nimmt Flüsse und Ströme, Felder und Wälder, Menschen und Siedlungen in sich auf und erfüllt sich. Dass auch alles Empfängliche in irgend einer Weise miteinander verbunden ist und eine Einheit darstellt, ist eine weittragende Erkenntnis. Nicht nur alles künstlerische, auch alles ärztliche, priesterliche und erzieherische «Wirken» ist ohne die Erkenntnis der Zusammengehörigkeit alles Empfänglichen ohne tiefere Gestaltungskraft.

Dass F r u c h t b a r k e i t alles L e b e n d i g e kennzeichnet, ist wiederum ohne weiteres verständlich. Warum Lao-Tse gerade am Himmel und an der Erde, an den Yang- und den Yin-Kräften (den Geistern der Höhe und der Tiefe) und schliesslich am Lebendigen (der «Resultanten» von Yang und Yin) die Einheit betont, ergibt sich daraus, dass gerade diese Wirklichkeiten die Urgegebenheiten der alten chinesischen Philosophie waren. Dazu kommt nun als letztes der H e r r s c h e r , als der Sohn des «Himmels», als der Mittler zur «Erde», als der irdische Repräsentant der Allordnung. Er erlangte seine Einheit durch seinen Gehorsam gegenüber den Ordnungsgesetzen des Seins. Durch diesen Gehorsam wird er zum wahren V o r b i l d , zum Richtmass der Welt. So lauten nun Lao-Tses Erkenntnisse über die Einheit: (39, 1—8)

>«Alles hohe Sein
>ist Ausgliederung aus dem All-Einen,
>in sich selber wieder eins:
>Der Himmel erlangte die Einheit,
>daher seine klare Ordnung.
>Die Erde erlangte die Einheit,
>daher ihre Festigkeit.
>Die geistigen Kräfte erlangten die Einheit,
>daher ihre Wirksamkeit.
>Alles Empfängliche erlangte die Einheit,
>daher seine Erfüllung.
>Alles Lebendige erlangte die Einheit,
>daher seine Fruchtbarkeit.
>Selbst die Herrscher erlangten die Einheit,
>daher ihre Vorbildlichkeit.
>Alles ist durch die Einheit bewirkt.

In einem zweiten Abschnitt (39, 9—14) geht Lao-Tse von dem kennzeichnenden Prinzip aus, seinem Grundsatz von der wechselseitigen Verflochtenheit aller Erkenntnisse treu bleibend. Er sagt z. B.: «Ohne seine Fruchtbarkeit müsste wohl alles Lebendige vergehen. Ohne ihr vorbildliches Wirken würden die Herrscher wohl gestürzt werden.» Wir wollen dabei beachten, dass Lao-Tse zwar von der Wechselseitigkeit alles Geschehens überzeugt ist, aber mit dem Wörtchen «wohl» es offenlässt, ob es sich dabei um umkehrbare kausale Beziehungen handelt. Dieses kleine Wörtchen «wohl» zeigt wiederum die Ehrfurcht Lao-Tses vor der Allgewalt des wirkenden Lebens, das eben durch keine von Menschen erkennbaren Gesetze v o l l erfasst werden kann, am wenigsten durch eine rein kausale Betrachtungsweise.

Im dritten Abschnitt (39, 15 ff.) werden dann die Folgerungen für den Weisen gezogen. Wir erwähnen sie gleich hier, um zugleich auf die grundlegende Einheit im kosmischen und menschlichen Geschehensbereich hinzuweisen. Der Weise erkennt also, dass alle wirkenden Prinzipien aus der Einheit stammen, und dass sich alle hohen Seinswirklichkeiten, wie der Himmel und die Erde, die Kräfte des Wirkens und Empfangens, das Leben und die Herrschaft im Grunde auf allereinfachsten Gegebenheiten aufbauen. Sie erscheinen ihm so einfach, dass sie der immer nach Grossem suchende Menschengeist verkennt, zu gering wertet, zu selbstverständlich betrachtet oder gar missachtet. Der Erkennende aber sieht in ihrer scheinbaren Geringfügigkeit und Unauffälligkeit gerade ihre verborgene Erhabenheit. Das ist auch der Grund, warum sich die echten Menschenführer als «hilflose, verlassene und geringe Diener» (39, 16) betrachten, als des Erhabenen nicht würdige Handlanger.

Diese Anwendung, die Lao-Tse hier vornimmt, ermöglicht uns noch einen weiteren Einblick in seine Vorstellungen über das Wesen der Einheit. Dieses scheint für ihn etwas so Unscheinbares, Geringfügiges, «Niedriges» zu sein, dass man an die Erkenntnis der modernen Kernphysik erinnert werden könnte, nach der in den kleinsten Ganzheiten die stärksten Kräfte schlummern. Durch das ganze Tao-Te-King zieht sich der Gedanke hindurch, dass das Unscheinbarste, Weichste und Zarteste das Wirkungsträchtigste und Beständigste ist.

Vielleicht hat der Mensch nur eine wesentliche Aufgabe: **in allem das Eine und Ganze zu suchen, in sich zur Einheit zu gelangen, die Mitmenschen zu einen und im selbstlosen Dienst das Eine zu verwirklichen.**

> «Die Lebenden verehren das Unergründliche
> und ehren die Gesetze des Alls,
> nicht, weil es die Pflicht geböte,
> sondern, weil es ihr Innerstes so will.» (51, 5—7)

3. Von der Polarität im Sein und der Selbstordnung des Lebens

a) Die durchgängige Geltung des Polaritätsgesetzes

Lao-Tse ist von der Notwendigkeit der polaren Spannungen im Seinsgeschehen überzeugt. **Jede Einheit offenbart sich nur durch die Gegensätzlichkeit der in ihr wirkenden Kräfte.** So offenbart sich das All in der Erscheinungswelt als Gegensatz von Himmel und Erde (6, 3; 25, 2—3); so kennzeichnen Geburt und Tod, Werden und Vergehen das Leben (50, 1). Ueberall finden wir diese Polarität, das Wechselspiel zwischen Yang und Yin. Vor allem Kapitel 2 zeigt, dass das Gesetz von der Polarität aller Wirkkräfte durchgängig gilt, alle Lebensbereiche erfasst und auch das Tun des Weisen bestimmt.

Es gilt z. B. auf erkenntnistheoretischem Gebiet, im Bereich des Ästhetischen und Ethischen: «Schönheit wird als Schönheit nur erkannt, wo Nichtschönheit bewusst wird. Das Gute wird als Gutes nur erkannt, wo Nichtgutes bewusst wird» (2, 1—2). Es gilt im Bereich des Metaphysischen: «Sein und Nichtsein erzeugen einander» (2, 3); «aus dem Allgrund des Nichtseins erhebt sich das Sein» (40, 4); «das All wirkt schöpferisch aus dem Nichts» (5, 3). Es gilt im Bereich des Physikalischen, überhaupt im Bereich aller messbaren und vergleichbaren Werte: «Grosses und Kleines bedingen einander»; «Hohes wird nur, wo Tiefes ist»; «Schweres kann nur sein, wo auch Leichtes ist» (2, 4—6); «wirkliche Kunst erscheint oft wie ein Stammeln» (45, 5). Im Bereich des Akustischen können nur Klänge entstehen, wenn zum Laut der Ton tritt; auch die Zeit wird durch den Gegensatz von Vergangenheit und Zukunft bestimmt (2, 7—8). Im Bereich der stofflichen Welt gilt, dass zwar das Stoffliche Eignung, das Nichtstoffliche aber erst den Wert gibt: «Ton knetend bildet man Gefässe, doch erst ihr Hohlraum gibt ihnen Brauchbarkeit» (11, 2; siehe auch 11, 1—4). Es gilt schliesslich auch als Wirkungsgesetz: «Das Allerweichste überwindet das Härteste auf Erden» (43, 1); «das Weibliche bändigt immer das Männliche durch seine Empfänglichkeit» (61, 2); wahre Grösse offenbart sich immer und überall nur durch herablassende Bereitschaft zum Dienst, d. h. in tiefer Empfänglichkeit und gütiger Hilfe (61, 8); «die Welt mit Gewalt ordnen zu wollen, heisst, sie aus der Ordnung bringen» (29, 3).

Die Polarität offenbart sich auch im Tun des Weisen. Der Weise kann die Richtigkeit seines Handelns geradezu daran erkennen, dass er das Gegenteil dessen tut, was der Masse wichtig ist (vgl. 20 und 41, 4—11). «Darum wirkt der Weise durch Nichtwirken», missachtet also alles Selbstwirkenwollen, «lehrt durch Schweigen», nicht durch Belehrung durch das Wort (2, 13; 77, 5), «schafft Werke und fragt nicht nach der Frucht der Werke», ist also ‚dumm' und nützt sein Können nicht aus; «vollendet und steht immer wieder am Anfang», kommt also scheinbar zu keinem Ziel (2, 9—10, 13—14); «er fragt nie nach Grösse und wirkt doch Grosses» (34, 10), «findet Geschmack an dem, was keinen Genuss birgt» (63, 2), fühlt sich «im Mangel vollkommen» (15, 13). Man sehe sich auch 22, 5—11; 24, 4—6; 26, 2; 28, 1, 3, 5; 42, 7; 44, 4—7; 47, 3; 49, 4; 52, 7—8; 63, 1—11; 67, 2—3: 71, 1; 76, 4 und manche andere Stellen an, um die Gegensätzlichkeiten im Leben des Weisen und im Leben des Massenmenschen zu erkennen.

b) Das Gesetz des Ausgleichs

Zum Polaritätsgesetz im weitesten Sinn gehört auch das Gesetz vom Ausgleich im Sein. Es ist auch eines der grossen Ordnungsgesetze der Welt. Es besagt, **dass alle**, auch die gegensätzlichen **Kräfte im All so zusammenwirken, dass das Gleichgewicht innerhalb des Ganzen immer wieder hergestellt wird.** Konzentrieren sich z. B. die Kräfte an einem bestimmten Ort in einer bestimmten Stärke, so ist dies anscheinend nur möglich durch Abzug von Kräften aus einem anderen Bereich. Konzentration hier setzt ein «Vakuum» dort voraus; wo ein «All» ist, muss auch ein «Nichts» sein. Die unermessliche Leere des Himmelsraumes wird begreiflich, wenn man sich der konzentrierten Energien der Sonnen- und Milchstrassensysteme bewusst wird.

Das Gesetz des Ausgleichs gilt auch im seelisch-geistigen Bereich. Der Indoarier musste sich seine hohe philosophische und religiöse Konzentration mit Inaktivität im Bereich des äusseren Wirkens erkaufen; der moderne Europäer und Nordamerikaner erkauft sich seinen äusseren Fortschritt, seine wissenschaftlich-technischen und zivilisatorischen Leistungen mit seelisch-geistiger Flachheit, ja mit dem philosophisch-religiösen Nihilismus.

Vom Gesetz des Ausgleichs wissen unsere Sprichwörter: «Wo die Not am grössten ist, ist Gott am nächsten», «keine Rose ohne Dornen»; wir finden es in den Erkenntnissen aller Grossen: «Wer recht erkennen will, muss zuvor in richtiger Weise gezweifelt haben» (Aristoteles); «nur aus der Anfechtung kommt Vollkommenheit» (Meister Eckehart). Lao-Tse sagt: «Des Himmels Wirken ist so: Es nimmt aus der Fülle und gibt sich der Leere; Menschen handeln anders: sie nehmen, wo schon wenig ist, und fügen hinzu, wo schon viel ist» (77, 2—3). Das himmlische Wirken ist also durch echten Ausgleich, das menschliche durch Ausgleichsfeindlichkeit oder Ausgleichsunfähigkeit gekennzeichnet. Der Weise aber ist bestrebt, diesem Ordnungsgesetz auch im menschlichen Bereich wieder Geltung zu verschaffen, es zunächst einmal in seinem eigenen Leben zu erkennen. Er findet dann, dass der, der «ledigen Gemüts ist, am besten zu wirken vermag» (5, 4), dass also die rechte innere «Verarmung», das Freisein von eigensüchtigen Werten und die Allempfänglichkeit, eine Voraussetzung für echten inneren Reichtum und für das rechte Wirken ist.

Meister Eckehart sagt, dass derjenige, der «aller Dinge und aller Werke innerlich und äusserlich ledig ist», es erfährt, dass Gott in ihm «ein in sich selber gerichtetes Wirken ist, in dem der Mensch wieder das ewige Sein selbst ist», sich «als seine eigene und aller Dinge Ursache erkennt». Der ungeheure Reichtum des wahrhaft Frommen, der, selbst nichts mehr sein und haben wollend (vgl. 77, 6, wo Lao-Tse den Weisen ebenso schildert), alles erhält, der, von seinem Ich gelöst, die ganze Fülle des Seins in sich aufnehmen kann, ja dieses Sein in sich selbst darstellt — eine geradezu ungeheuerliche Erkenntnis! — ergibt sich infolge des immanent wirkenden Ausgleichsgesetzes. In der Sprache Lao-Tses heisst dies: «Wer den Weg der Vollendung geht, der sammelt keine Schätze; ihm ist Besitz, was er für andere tut; je mehr er sich verschenkt, desto mehr wird ihm» (81, 4); «der Weise trägt nach aussen hin ein unscheinbares Gewand, doch birgt er in seinem Inneren edelsten Schmuck» (70, 5). Umgekehrt gilt natürlich auch, dass den äusserlich reich sein wollenden Menschen notwendigerweise innerlich die Sorge um seine zeitliche und ewige Existenz zerfressen muss; denn er hat ja keine echten Werte, sondern nur, was «Motten und Rost» zerfressen. Lao-Tse sagt: «Wer reich und geachtet nur sich selber kennt, der zieht sein eigenes Unglück herbei» (9, 4). «Wer sein Herz an etwas hängt, über den kommt das Verhängnis. Wer nach Schätzen strebt, der wird sich verschätzen. Wer zufrieden bleibt, der hat immer genug. Wer seine Grenzen beachtet, kommt nicht in Gefahr. Dies führt zu wahrer innerer und äusserer Beständigkeit» (44, 4—8). Wer um das Gesetz des Ausgleichs weiss — die Inder nennen es das Karmagesetz, es gleichfalls als ein Grundgesetz der Allordnung erkennend —, der vereint mit der hohen Verantwortung für sein Tun auch eine grosse Unbekümmertheit und Gelassenheit; die ewigen Ordnungen erfüllend, vermag ihn kein Schicksal mehr zu treffen (16, 10—12); er erkennt, dass der Mensch stärker ist als sein Schicksal, wie Jakob Böhme sagte. Wer aber an inneren Werten verarmt, der verliert sein eigentlich Menschliches.

c) Die Dynamik der Kräfte

Wir müssen in diesem Zusammenhang — obwohl es inhaltlich mehr in den Abschnitt über die sittlichen Grunderkenntnisse gehört — noch gesondert auf die Dynamik aller wirkenden Kräfte hinweisen, insbesondere im seelisch-geistigen Bereich. Lao-Tse ist von der ständigen Wandlung aller Kräfte überzeugt. Dazu gehört, dass sich alles in sein Gegenteil verkehren kann, ja muss: «Ordnung führt zu Unordnung. Gutes verkehrt sich in Schlechtes» (58,4), kann sich also auch in Böses verwandeln. Mit dieser Erkenntnis, die keine theologische Ethik wahr haben darf, ohne sich nicht selbst aufzugeben — denn das Gute und Göttliche muss doch immer siegen! — zeigt Lao-Tse, dass die Wert- und alle Tugendlehren am Wechselspiel der vielfältig wirkenden seelisch-geistigen Kräfte vorübergehen. Es ist ein Fehler vor allem der abendländischen Ethiken, **das Sittliche als einen Wert anstatt als eine Kraft zu betrachten**. Die sittlichen Kräfte stellen keinen Besitz dar, über den man jederzeit voll und frei und in gleicher Weise verfügen kann wie vielleicht über materielles Besitztum; es sind dynamische Wirklichkeiten, die zunächst völlig wertefrei, alle Möglichkeiten zu positiver oder negativer Wirksamkeit in sich tragen, und die sich in einer dem Verstand nicht zugänglichen Weise zum «Guten» oder «Bösen» entfalten können. Der jetzt über 80jährige Historiker Friedrich Meinecke sagt in seinen «Aphorismen und Skizzen zur Geschichte», die Auffassung Lao-Tses voll bestätigend: «Eine dämonische Tatsache ist es, dass Gutes und Böses oft ineinander gewachsen sind. Mephisto spielt in der Geschichte nicht nur die Rolle, das Böse zu wollen und das Gute zu schaffen — womit man sich vielleicht, der Theodizee gemäss, abfinden könnte, sondern er verdirbt auch oft genug dem, der ursprünglich das Gute will, das Konzept und lenkt

ihm Herz und Hand so, dass etwas ganz Böses daraus wird
... Man denke etwa daran, was aus dem Christentum in der
Geschichte geworden ist und wie rätselhaft hier oft eine
echte Religiosität in scheinbar geradliniger Steigerung in
zerstörenden Fanatismus umschlägt oder zu erstickender
Enge wird» (S. 155—156). Er sagt zusammenfassend, die
Weltgeschichte zeige, dass «sich das Gute auch in das Böse
verwandeln kann oder dem Bösen dient, oft so dient, dass
die Weltgeschichte zur Hölle wird». Diesen 1942 niederge-
schriebenen Sätzen ist nichts hinzuzufügen; es ist die Be-
stätigung des schon von Lao-Tse erkannten Tatbestandes,
dass Geschichte als lebendiges Geschehen ein dynamisches
Geschehen ist, voll scheinbarer Widersprüchlichkeit. «Der
Mensch», sagt Lao-Tse in 58, 5, «erkennt in seiner Verblendung nie den Wechsel aller Dinge». Wohl hat ihn die Erfahrung gelehrt, dass Glück und Unglück einander ab-
wechseln (58, 3: «Glück ruht auf Leid, Leid harrt im Glück».),
dass darin aber ein allgemeingültiges Gesetz verborgen ist,
nämlich, dass es nichts Verharrendes im Sein gibt, dass, wie
Heraklit sagt, «alles fliesst», dass alles ineinander übergehen
kann, dass auch alle Werte sich wandeln, das will er nicht
wahr haben. Er begreift nicht, dass das wirkende Leben ein
ungeheures Geflecht ist, an dem, mythologisch gesprochen,
die Nornen unaufhörlich weben. Er will nicht wahr haben,
dass alle Gedanken, alle bewussten und unterbewussten
Gegebenheiten der menschlichen Seele, jedes Wort und
alles Tun von Kräften gewirkt ist, die ihrerseits wiederum
mit den Kräften der Sippen- und Volksseele, der ihn um-
gebenden Natur und des Kosmos aufs engste verflochten
sind, kurz: d a s s i n j e d e m A u g e n b l i c k a l l e s m i t
a l l e m v e r b u n d e n i s t. Er vermag nicht zu erkennen,
dass sie aber in jedem Augenblick die Resultanten darstellen von dem, was gewirkt wird. Unerbittlich wirken die
Nornen das Geschick; darum wussten alle alten Meister; nur
der sich aus dem Lebensganzen lösende «moderne» Mensch
will es nicht wahr haben (wobei wir mit dem «modernen»
Menschen nicht nur den Menschen des 20. Jahrhunderts meinen, sondern auch den aufgeklärt sein wollenden Menschen
jeder Zeit, auch den Lao-Tses).

Lao-Tse bleibt auch in seiner Ethik ehrlich. Er idealisiert nicht und humanisiert nicht. Er nimmt das Leben, wie es ist, nicht, wie es sich der dem Leben ausweichen wollende Mensch erträumt oder wie es der selbstsüchtige erwartet. Er sieht die wirkenden Kräfte, sieht die notwendigen Spannungen zwischen gut und böse, weiss, dass höchste Treue zum Verrat führen, Keuschheit in altjüngferlicher Moralität enden, Gehorsam zum Verbrechen werden kann. Er weiss daher auch, dass Sittlichkeit nicht mit Geboten und Verboten gefördert werden kann: «Diebe und Räuber wird es geben, wenn man glaubt, mit Gesetzen und Befehlen Ordnung schaffen zu müssen» (57, 8), «ein Volk wird arm, in dem Verbote Worte und Handlungen bestimmen; jede Ordnung löst sich auf, wenn die Menschen nur ihr eigenes Wohlergehen suchen» (57, 5—6). Er denkt nicht daran, die notwendigen Spannungen zwischen gut und böse, zwischen dem Einzelnen und der Masse (Kap. 20), zwischen den Erwartungen der Allzuvielen und den innersten Notwendigkeiten sentimental aufzuheben und das Lebendige zu nivellieren. Alle Nivellierung ist Ausdruck seelischer Unwahrhaftigkeit, Symptom der religiösen Oberflächlichkeit und des Nihilismus. Alles Lebendige ist dauernder Umschwung. Die Geschichte ist der Wirbel, der aus dem Strom des Werdenwollenden und dem Strom des Gewordenen entsteht. Der Weise aber steht mitten drin, treibt unmittelbar auf den Wogen des Lebens und findet mitten im tosenden Wirbel der Zeit jenen Sog, der ihn aus beiden Strömen herausnimmt, der ihn bis zum Grund des Geschehens hindurchsehen lässt (20, 15—17). Dort erkennt er, wie die alten Meister, «was ward und was werden will» (14, 10); dort ist, mitten im Wirbel, der einzige ruhige Ort und zugleich die einzige Stätte, von wo aus sich «objektiv» ein Geschehen beurteilen lässt, so dass von da aus der Weise klar erkennen kann, ob, wann und wie er sich im Strom des Gewordenen oder im Strom des Werdenden einzuschalten hat; denn dort, wo das Zugleichsein aller gegensätzlichen Kräfte, ihre dienende Funktion an der Schaffung und Erhaltung des Lebensganzen am klarsten erkannt wird, fällt die Welt der Objekte mit der des Subjekts zu einer einzigen lebensträchtigen Ganzheit zusammen. — Aufs engste hängt nun mit dem Gesetz des Ausgleichs und dem dynamischen Spiel aller Kräfte das Gesetz von der Selbstordnung des Lebens zusammen, das wir wegen seiner Wichtigkeit noch gesondert betrachten müssen.

d) Das Gesetz von der Selbstordnung des Lebens

Wie tief die Menschen-, Natur- und Lebenserkenntnis Lao-Tses ging, zeigt sich darin, dass er das Gesetz von der Selbstordnung des Lebens fand. Es besagt, dass allüberall — im Einzelmenschen wie in der Gemeinschaft, in Volk und Staat, in der Natur und im ganzen Kosmos — Kräfte wirksam sind, die selbsttätig die für das Ganze notwendige Ordnung schaffen, sobald in irgend einem Teilbereich eine Störung eingetreten ist.

In der Natur vollzieht sich diese Selbstordnung des Lebens ständig. Das Gesetz vom Kampf ums Dasein, von der Macht des Stärkeren einerseits und der ungeheuren Vermehrung der schwächeren Lebewesen andererseits, das Prinzip der gegenseitigen Hilfe in den grossen Pflanzen- und Tiergemeinschaften, die Entwicklungs- und Mutationsgesetze, sie alle sind Teilgesetze des grossen Selbstordnungsgesetzes der Natur. Dieses wirkt so souverän, dass jeder Versuch, ethische oder ästhetische Werte an die Natur anzulegen, scheitern muss: «Das All kennt keine Liebe; es schreitet über alles hinweg, als wäre es nichts!» (5,1). Es ist eben etwas Grösseres als irgend ein menschlicher Wert, der das Werden des Seins bestimmt. In der Natur gelten keine Wertungen, sondern nur das dynamische Wechselspiel aller Gestaltungskräfte. An der «Launenhaftigkeit» des Wetters vermögen wir in unserer gemässigt warmen Regenzone die Selbstordnung der klimatischen Kräfte besonders anschaulich zu erkennen. Was wir stolz Naturgesetze nennen, sind auch nur einige, vom Verstand aus der Selbstordnung des Lebens abstrahierte Spielregeln, die nur eine kleine Ahnung von der Vielfalt jener Funktionen, die die Selbstordnung alles Lebendigen bewirken, vermitteln können.

Lao-Tse erkennt die Kraft der Selbstordnung vor allem am Wirken des Alls und in der Ursprünglichkeit des Kindes, aber auch im politischen Bereich. Er sagt zur kosmischen Selbstordnung: «Langwährend sind Himmel und Erde, nie sich selbst lebend, erfüllen sie die untergründigen Ordnungen» (7, 1-2). Jede Form des Eigenwillens widerspricht also den selbstwirkenden Ordnungskräften. Nur im Sicheinfügen wird echte Förderung. Die Weltenmutter ist für ihn daher nicht «Herrin», sondern «Dienerin»: «Du alles wirkende, alles fördernde, alles ernährende Weltenmutter, Du ewige Dienerin des Lebens! Klein erscheinst Du denen, die Dein anspruchsloses Wirken nicht erfassen. Gross bist Du, wenn alle Dinge in Dich zurückkehren, — und dennoch gebärdest Du Dich nicht als Herrin!» (34, 5— 9). Das Unergründliche in seiner Wesenheit als das Dienende zu schauen ist etwas einzigartig Grosses. A l l e s d i e n t a l l e m , das ist die Grundlehre des Lao-Tse: «Also lehre ich auch, was schon die andern lehrten: Immer stirbt, bevor er stirbt, wer eigenwillig handelt. Das ist der Ausgangspunkt meiner Lehre.» (42, 8—9). Weil der Himmel nur dient, vermag er auch nur zu fördern (81, 5). Weil das Unergründliche dient, «gibt es allem das Leben. Es lässt im Frühling alles werden und wachsen, ernährt und erhält es im Sommer, lässt es im Herbst reifen und vollenden und schützt es im Winter. Leben zu geben, ohne etwas dafür haben zu wollen, ihm zu dienen, ohne etwas beanspruchen zu wollen, es zu fördern, ohne es beherrschen zu wollen: Das ist das Geheimnis innerlich kraftvollen Lebens» (51, 6—7), das Geheimnis Tes, das wir durchaus auch als die selbstordnende Funktion des Lebens betrachten dürfen. Möglicherweise sieht Lao-Tse diese Kraft aber mehr an «Ch'i» gekoppelt, das wir ganz allgemein als die geistige Lebenskraft betrachten können; jedenfalls sagt er in 42, 6: «Des Lebens Wesenheit (Ch'i) bewirkt den steten Einklang» (von Yang und Yin, von Himmel und Erde, des Lichten und Dunklen). Dieser alles ordnende kosmische Zielwille ist auch in 45, 1 dargestellt: «Was sich vollendet, erscheint oft wie unvollkommen, und doch wirkt seine verborgene Zielkraft (eben diese Kraft der Selbstordnung) unaufhörlich.»

So wie «das Unergründliche sich aus sich selbst entfaltet»
(14, 10), und wie «der Urquell des Lebens m ü h e l o s a u s
s i c h s e l b e r q u i l l t» (6, 4), will er aus allem Lebendigen quellen. Wirkliche Kraft und echte Wirkung können
nur dort sein, wo das Leben sich selbst ordnen kann, wo es
so ursprünglich wirksam wird wie im Kind. «Wer aus seines
Ursprungs Fülle lebt, der gleicht dem neugeborenen Kind»
(55, 1). Beim Kind geschieht alles ohne jegliche Verkrampfung aus innerstem Gelöstsein heraus: «Es kann den ganzen
Tag schreien und wird doch nicht heiser: Vollendeter Einklang!» (55, 5). «Die zum Einklang drängende Kraft des Lebens erkennen, heisst sein Unvergängliches finden» (55, 6).
Das Kind lebt unbewusst im Einklang mit der Natur; in jedem Augenblick können die selbstwirkenden Kräfte des Lebens sich frei entfalten, in jedem Augenblick ist daher seine
Ordnung vollkommen, ist es ein Eines und Ganzes, eine Vollkommenheit. Darum soll der Erwachsene «zu des Kindes Ursprünglichkeit zurückkehren» (28, 2) und wieder lernen,
dem wirkenden Leben selbst zu vertrauen. Ein Kind ist, wie
55, 4 sagt, sich auch noch nicht der Geschlechter bewusst
und hat doch Geschlecht, und seines Geschlechtes Keimkräfte ruhen schon in ihm. So wie diese zu gegebener Zeit
von selbst wirksam werden, so will alles im Leben zur rechten Zeit wirksam werden. Der Mensch aber kann nicht warten. Er zerstört immer durch sein Drängen das Werdenwollende. Im guten (und doch so törichten!) Glauben, eine
bessere Ordnung schaffen zu müssen, schafft er nur grössere
Unordnung und schädigt sich selbst. Immer wenn der
Mensch eigenwillig und selbstsüchtig in das Lebensgeflecht
eingreift, wirkt die selbstordnende Kraft des Lebens gegen
ihn. Die Natur rächt sich durch Unfruchtbarkeit, wenn der
Mensch die Erde zu einem Ausbeutungsobjekt macht und die
Gesetze des Bodens missachtet. Die Gemeinschaft wird rebellisch, wenn die Staatsführung eigenmächtige Ziele verfolgt
(75, 1—3). Ein Reich geht zugrunde, wenn es seine dienende
Aufgabe vergisst; denn alles Wesenlose, alles Tao-lose, zerfällt rasch (siehe 30, 7; 55, 9—10; 76, 5). Was wider die Gesamtordnung ist, und würde es von Menschen noch so hoch

bewertet, das geht zugrunde, einmal rasch, ein andermal langsam.

e) Die kosmische Aufgabe des Menschen

Der Weise «erwirkt des Lebens Ordnung in sich und anderen und stört niemals die Entwicklung aus sich selbst» (64, 19). Auch er kennt, wie das All, «keine Liebe, wie Menschen sie kennen» (5, 2), weil ihm die heilige Notwendigkeit (vgl. 30, 5), die sich in dem alles selbst ordnen wollenden Zielwillen des Seins verkörpert, etwas Grösseres ist als alle menschlichen Werte. Ihn kann in seinem Gehorsam wider das wirkende Leben nichts verpflichten, auch nicht die natürlichen Bande der Familie und der Gemeinschaft. Ihm sind, wie dem All, «die zehntausend Dinge wie stroherne Hunde», die beim Opferfest verbrannt werden, wie es so anschaulich im Urtext heisst (5, 1—2), d. h. er behält seine innere Freiheit den Menschen und Dingen gegenüber, um in jedem Augenblick für das Notwendige bereit zu sein, um «den Menschen immer helfen zu können» (27, 6). Die selbstordnende Kraft des Lebens will also dem Menschen das Bewusstsein geben, dass seine Würde als Mensch in einem selbstlos und freiwillig dienenden Leben besteht. Das Vertrauen in die selbstordnenden Kräfte des Lebens wirkt die Bereitschaft, ganz den inneren Führungskräften des Lebens zu vertrauen und nie von jener Linie abzuweichen, die sich in ihm selbst vorzeichnet.

Der abendländische Mensch will ein «Herr der Natur» sein, der östliche ihr «Diener». Ersterer ist stolz auf sein Selbstbewusstsein, auf seinen Wert, auf seine Persönlichkeit und darauf, dass ihm die griechische Philosophie und das Christentum die Unsterblichkeit seiner individuellen Seele gebracht haben, seine Wissenschaft ihm das Bewusstsein gab, das höchstentwickelte geistige Lebewesen zu sein, seine Technik den Glauben, dass es für ihn nichts Unmögliches gibt. Der östliche Mensch, viel mehr auf dem Boden anschaulicher Erkenntnis verharrend, in seinem Blick nicht durch eine eitle Wissenschaft und überhebliche Technik getrübt, viel mehr im gesamten Erbstrom alles Lebendigen verharrend, verfiel weder dem Persönlichkeitswahn noch dem individuellen Unsterblichkeitswahn. Man lese, wie Lao-Tse den Weisen, also die höchste Form der Persönlichkeit, schildert: «Ich bin wie ein Kind, das noch nicht lächeln kann, wie ein Flüchtling, der keine Heimat hat, ich habe nichts ... es ist zum Verzweifeln; mich wirbelt das Leben umher, als ob ich haltlos wäre» (Kap. 20), wahrhaftig alles andere als stolzes Persönlichkeitsbewusstsein, aber — so fügt er hinzu — «ich lebe am Herzen der Weltenmutter». «Wer sich als Kind erkennt, lebt seiner Mutter Leben und sieht in seinem Untergang einmal keine Gefahr» (52, 3—4). Lao-Tse haftet nicht an seiner Gestalt, an seiner Individualität, an seiner Persönlichkeit. Eingefügt in das Lebensganze selbst, überlässt er es den selbstordnenden Kräften des Lebens, was mit ihm nach dem Tode werden wird. «Unsterblich ist, wer im Wesen west und an keiner Gestalt haftet» (52, 10).

Der abendländische Mensch schaut als ein «Erwachsener» auf die «geistigen Kinder» des Ostens herab, auf jene Kinder, die so einfältig sind, die Herzenseinfalt zum Richtmass der Welt zu erheben (45, 7; 28, 6), denen Wunschlosigkeit zur grossen Quelle ihrer Kraft wird (22, 12), denen «wunschloses Aufwärtsstreben Herzensstille gibt» (16, 1), die «ihre Grösse und ihres Wirkens Mächtigkeit in tiefer Innerlichkeit» finden (15, 2), die da glauben, dass sich ihr Selbst vollendet, ohne dass sie ihrer selbst achten (7, 6). Vielleicht aber wissen diese «Kinder» wirklich etwas von der Aufgabe des Menschen, sein Leben bewusst im Einklang mit der Allordnung zu führen. Vielleicht vermochten sie deswegen auch in den letzten 2000 Jahren der Welt mehr an echter tätiger Menschlichkeit zu schenken als der Westen. Es will uns so scheinen.

Lao-Tses Tao-Te-King ist das Buch vom Menschen, von dem Menschen, der sich in Tao, im Unergründlichen, geborgen weiss und im Einklang mit ihm leben will, und der dem Te, den grossen Führungskräften des Alls, vertraut. Nirgends verfällt Lao-Tse dem Extrem, den Eigenwert des Menschen zu missachten; er weiss um seine Grösse, um seinen Adel, um seine innere Würde; er weiss, dass er durch seinen Geist Zugang in alle Bereiche des Lebens haben kann; aber nicht dies ist entscheidend, sondern die Grösse seines Dienens ist das Mass seiner Menschlichkeit. So fügt er sich in die grossen Gesetze der Weltordnung ein, ohne sie vielleicht mit seinem Verstand zu erkennen; sie erfühlend, erfüllt er sie. Der Meinung der Masse aber, dass der Wert eines Menschen vom Grade seines Wissens, Wollens und Wirkens abhängt, stellt Lao-Tse seine Lehre vom Nichtwissen, vom Nichtwollen und Nichtwirken und von der Gewaltlosigkeit gegenüber, wie wir im VI. Abschnitt sehen werden.

4. Zusammenfassung der Metaphysik Lao-Tses

Streng genommen, können wir bei Lao-Tse nicht von einer Metaphysik sprechen; denn er gibt keine ausgebaute Lehre von den obersten Prinzipien des Seins. Immerhin ist seine Schau vom Wesen des Menschen und vom Wesen der Welt innerlich geschlossen und in den Grundzügen erkennbar. Wir können sie etwa folgendermassen zusammenfassen:

a) Es muss eine Urgegebenheit hinter dem Sein und dem Nichtsein angenommen werden. Sie ist das Unergründliche, das mit Tao Gemeinte der altchinesischen Philosophie, bildlich: die Weltenmutter oder das Urmütterliche.

b) Ueber das Wesen des Unergründlichen kann nichts ausgesagt werden; als Wesen ist es das unergründbare, unerkennbare und unbezeichenbare Tao.

c) Das aus dem geheimnisvollen Urgrund aufsteigende schöpfungwirkende, offenbarwerdende und damit erkennbare Tao ist als All-Selbstheit das Erste, ist als das Eine das Gestalt gewordene Unergründliche.

d) Die Unterscheidung von Tao als Wesen (b) und als Gestalt (c) ist rein begrifflich und hat nur im Bereich des Verstandes seine Gültigkeit, da dieser die Einheit beider nicht zu fassen vermag.

e) Das Eine spaltet sich auf in das Viele und zwar durch wirkende Geistkräfte, dingbildende Formkräfte und lebenwirkende Keimkräfte.

f) Tao bleibt als das schöpferische Prinzip ständig wirksam, bewirkt den Kreislauf alles Geschehens, die Ausgliederung aus dem All-Einen und die Rückkehr aller Dinge oder Wesen in das Unergründliche.

g) Tao bewirkt die innere Einheit und Ganzheit aller Ordnungsbereiche des Seins. Das Sein ist ein Organismus, alles ist mit allem verbunden, alles dient allem.

h) In den Einzelbereichen des menschlichen Lebens und in den Individuen wirkt Te als Urkraft des Lebens, als Ordnungs- und Zielwille, als die auf das Ganze ausgerichtete Führungskraft der Einzelseelen und der Gemeinschaftsseelen.

i) Jede Einheit wird nur durch die Polarität der in ihr wirkenden Kräfte offenbar. Das Gesetz der Polarität ist ein Grundgesetz der Welt.

k) Weitere Grundgesetze sind: Das Gesetz von der Selbstordnung aller wirkenden Kräfte im Sein, das Gesetz des Ausgleichs und das Gesetz vom Kreislauf alles Werdens.

l) Die Grundgesetze des Seins sind Ordnungsgesetze, die ethischen Wertungen nicht zugänglich sind. Die kosmische Ordnung und die ethische Ordnung sind aber durch die d i e n e n d e Funktion miteinander verbunden.

m) Der Mensch hat den Werdekräften der Schöpfung zu dienen. Seine Aufgabe besteht darin, im Einklang mit dem Unergründlichen zu leben, den in ihm wirkenden Führungskräften des Alls zu vertrauen und das Werdenwollende zu verwirklichen; all sein Tun muss auf Einung bedacht sein.

Von dieser Warte aus sind auch die geistigen und sittlichen Grunderkenntnisse, die wir im folgenden noch herausarbeiten wollen, und die Wege, die Lao-Tse für eine rechte Menschenführung aufzeigt, zu sehen und zu verstehen.

VI. Geistige Grunderkenntnisse

1. Die Lehre vom Nichtwissen

Die Lehren vom Nichtwissen, Nichtwollen, Nichtwirken und von der Gewaltlosigkeit finden sich nicht nur bei Lao-Tse, sondern bei allen grossen indoarischen Philosophen und bei den echten Mystikern der ganzen Welt bis auf den heutigen Tag. Es soll mit ihnen, um einen ersten Hinweis zu geben, gesagt sein, dass blosses Wissen noch keine Lebenserkenntnis, blosses Wollen noch kein innerer Auftrag und blosses Wirken noch keine echte Tat ist, ferner dass jegliche Anwendung von Gewalt der Würde des Menschen widerspricht.

Lao-Tse weiss natürlich auch, dass der Mensch einen Erkenntnisdrang hat. Dieser ist, wie jeder Trieb und Drang, durchaus natürlich. Glaubt aber der Mensch, den Erkenntnistrieb an die Spitze aller Triebe stellen zu müssen, so ist mit dieser Unordnung im Triebgefüge die geistige Ursünde geschehen: Der Intellekt hat sich von seinem Ursprung, vom Lebensgrund gelöst; der Mensch vermag dann nicht mehr aus dem Unergründlichen heraus zu leben, wird von den Auffassungen und Meinungen anderer oder von seinen Phantasien, von seinen oberflächlichen und irrigen Vorstellungen abhängig und verliert damit seine geistige Eigengesetzlichkeit und seine Kraft. Lao-Tse sagt: «Sitte und Recht entstanden, als der Mensch nicht mehr aus seinem Ursprung (Tao) lebte. Mit der Herrschaft des Verstandes begann die grosse Unaufrichtigkeit» (18, 1—2). Er sieht in dem mangelnden Gehorsam gegenüber Tao, in der mangelnden Ursprünglichkeit des Geistes, in der Loslösung des Intellekts vom Lebensgrund, die Ursache dafür, dass die Menschen sittliche Gebote aufstellen mussten. Immer zieht die Verselbständigung des Intellekts eine Störung der Lebensordnungen nach sich. Nicht erst Ludwig Klages, sondern schon Lao-Tse sah im entwurzelten Geist den grossen «Widersacher der Seele» und damit des Lebens. «Wo der Verstand herrscht, da geht das Leben zugrunde», so könnten wir sinngemäss richtig auch das Eingangswort von Kapitel 20 wiedergeben, das wörtlicher heisst: «Löst euch von der Vielwisserei, so habt ihr keine Sorgen, keine Schwierigkeiten mehr». Alle Schwierigkeiten im Leben und alle Sorgen scheinen für Lao-Tse primär mit dem entwurzelten Intellekt zusammenzuhängen. Denn der Intellekt hat die Fähigkeit, das Unwesentlichste wesentlich erscheinen und die geringfügigsten Differenzen zu abgrundtiefen Klüften werden zu lassen; er kann alle Werte verschieben und alles nach seinen eigenwilligen Bedürfnissen begründen. Aber: «Wie klein ist der Unterschied zwischen Ja und Ja», zwischen dem herzhaften Ja eines Mannes und dem lieblichen Ja eines Weibes. «Wie bedingt ist doch das Urteil über gut und böse!» (20, 2). Verstandesmässige Auseinandersetzungen über Pflicht und Neigung sind Torheit, denn es ist nicht so sehr entscheidend, ob einer etwas aus Pflicht oder Neigung tut, wenn er es nur in der rechten Weise tut. Intellektuelle Streitereien sind Irrsinn; gut und böse sind relative Wertungen, die nur für denjenigen wichtig werden, der nichts vom Wechselspiel des Lebens weiss, der nicht erfahren hat, wie beide ineinander übergehen können, und für den, der nicht im Lebensgehorsam stehen will. Jeder intellektuelle Streit ist eine mit Geist getarnte Lebenslüge.

Kapitel 48 zeigt uns den Fluch jedes Wissensdranges: «Wissen drängt täglich nach grösserem Wissen» (48, 1). Wissensdrang kennt keine Sättigung; je mehr einer weiss, desto mehr will er wissen, und desto grösser wird der Wahn, durch umfangreiches Wissen dem Geheimnis des Lebens näher kommen zu können. Kein Vielwisser aber kommt zur Erkenntnis des Lebens, geschweige denn, dass er es zu fördern vermag. Lao-Tse fährt an obiger Stelle fort: «Wer dem Unergründlichen (Tao) gehorsam ist, wird täglich bescheidener» (48, 2). Herzensgehorsam macht immer demütig. Eine Erkenntnis, die wirklich vom Herzblut eines Menschen durchdrungen ist, die erlitten und erkämpft wurde, wandelt den ganzen Menschen, macht ihn schlichter und bescheidener. «Wer sich um echte Einsicht müht, bedarf keines Wissens» (10, 6).

Lao-Tse lehnt also keineswegs die echte Erkenntnis ab. Der Erkenntnisdrang, der in seinen Grenzen bleibt, der dienen und nicht herrschen will, ist durchaus gesund und notwendig. Seine Verkümmerung und Missachtung wäre ebenso eine Sünde wider das Leben wie seine Ueberschätzung und Uebersteigerung. Schliesslich ist sein Tao-Te-King selbst ein herrliches Zeugnis für die Kraft, die Tiefe, Weite und Höhe echter geistiger Erkenntnis. Echte Erkenntnis aber ist fern von dem Wahn, alles wissen zu müssen, um erkennen zu können. «Um die Welt zu erkennen, brauche ich nicht in sie zu gehen. Das Geheimnis der Welt kann ich erschauen, ohne aus dem Fenster zu sehen. Je weiter einer in die Ferne schweift, um so geringer wird sein Erkennen. Der Weise kommt zu seiner Erkenntnis ohne Wissensdrang; er kommt an sein Ziel ohne Anstrengung; er vollendet seinen Weg mühelos» (47, 1—6). Echte Erkenntnis bedarf nur der grossen Aufgeschlossenheit gegenüber dem Leben. «Das Leben liefert die wertvollste Erkenntnis» sagt Meister Eckehart in Uebereinstimmung mit Lao-Tse. Weil die Menschen geistig nicht mehr auf das Leben selbst in sich und der Gemeinschaft, in der Natur und im Kosmos lauschen können, weil das Leben nicht mehr in sie selbst eingehen, in ihnen nicht mehr unmittelbar Geist werden kann, kommen sie nicht zu geistiger Reife und nicht zur Wesens- und Herzensbildung. Jede echte Erkenntnis ist aber nur der schöpferische Eingang des Lebens in die Bewusstheit, ist eine Kristallisation irgendwelcher Lebensgesetzlichkeiten, ist ein Impuls des wirkenden Lebens, das sich selbst durch den Geist neue Wege zu seiner Entfaltung oder zur Selbstordnung sucht und schaffen will. Der Weise weiss, dass die Wirksamkeit des Lebens nicht davon abhängt, ob und inwieweit dem Menchen etwas geistig bewusst wird, sondern inwieweit er aufgeschlossen genug ist, dem wirkenden Leben Raum zu geben. Es ist das Seltsame, dass derjenige, der in der schlichten Aufgeschlossenheit seines Herzens und seines Geistes dem Leben gegenübersteht, auch **alle für seine Lebensaufgabe notwendigen Erkenntnisse** erhält. Die Geheimnisse des Lebens erschliessen sich dem echtlebenden Menschen in dem Umfang, als sie für ihn gut und notwendig werden. Mehr aber braucht ein Mensch auch nicht zu wissen. «Segen wird, wo man auf Scheinwissen verzichtet» (65, 4). Die alten chinesischen Herrscher, noch um diese Lebenszusammenhänge wissend, lehnten daher die allgemeine Schulbildung ab; sie wollten das Volk zur Herzensbildung und nicht bloss zur Verstandesbildung führen (65, 1). Staatspolitisch begründet es Lao-Tse damit, dass aufgeklärte Massen schwer zu lenken sind: «Einen Staat mit aufgeklärten Massen lenken zu wollen, führt zu Unheil; Segen wird nur, wo man auf Scheinwissen verzichtet» (65, 3—4). Die alten Herrscher hatten erkannt, dass Wissen hochmütig macht, dass sich gerade der einfache Mensch durch nichts leichter blenden lässt als durch vermeintliches Wissen. Für ihn ist Wissen «Macht». Glaubt er durch seine Schulbildung nur etwas zu verstehen, so masst er sich allzuleicht auch das Recht an, gleich alles verstehen und beurteilen zu können. Der tatsächlichen Dürftigkeit seines Wissens und des problematischen Wertes seines Wissensstoffes wird er sich gar nicht bewusst. Wesentlich schlimmer als diese Selbsttäuschungen und dieser Selbstbetrug aber ist, dass er die innere Sicherheit seines Lebens, die stille Einfalt seines Herzens, verliert, dass die wirklichen Werte des Lebens von den Scheinwerten vermeintlichen Wissens verdrängt werden. Schulmässige Verstandesbildung stösst nach Lao-Tse ehrfurchtslos die Altäre kindlichen Lebensglaubens um, ohne zu neuen Lebensaltären zu führen. Daher «weckt ein weiser Fürst keinen Wissensdrang, sondern fördert die Herzensbildung» (3, 6), wörtlich: die Wunschlosigkeit, das Freiwerden vom Begehren, das ein wesentliches Merkmal echter Herzensbildung ist. Als guter Menschenerzieher wusste Lao-Tse, dass echte Bildung und menschliche Reife aufs engste miteinander zusammenhängen. Nicht durch Bildung allein wird man ein Mensch, sondern Bildung ist auch die Frucht des Menschseins. Darum ist es für ihn wichtiger, den Menschen in seiner alltäglichen Lebensgemeinschaft mit anderen zu belassen, die Begierden, wozu auch die Neugier des Intellekts gehört, nicht durch blosse Verstandesschulung zu reizen. Ch'ü-chih nennt der Chinese die Aufgabe des Wissens, pu-yü die Aufgabe der Begierden, hsü die Leidenschaftslosigkeit.

Echte Bildung hat zwei Kennzeichen: Erstens, sie kommt aus der Reife und führt zu grösserer Reife: «Der Reife vermag immer nur dem weniger Reifen zu helfen..., daher begegne dem in Ehrerbietung, der reifer ist als Du, und umgib den mit Liebe, der Deiner noch bedarf. Wer solches nicht tut, weiss nichts von echter Bildung. Das ist ein wichtiges Geheimnis» (27, 8—10). Zweitens, sie lässt keinen Wissenswahn aufkommen, sondern beachtet von Anfang an die Grenzen des Wissens. Man muss begreifen, «dass der Begriff, durch den man etwas begreifen kann, nicht vom Unbegreiflichen zeugt» (1, 2), dass alles, was «begriffen», mit dem Verstand betastet werden kann, nur an der Oberfläche verbleibt, so tiefgründig auch die durch Wissen gewonnene Erkenntnis zu sein scheint. Nie gibt uns der Verstand Kenntnis vom «Eigentlichen», vom **wahrhaft Wesentlichen**. Die Wahrheit lässt sich nie fassen (14, 9); immer entzieht sie sich einem, immer lockt sie aufs neue. Wissen macht stolz, weil man glaubt, die Wahrheit zu haben; Erkenntnis bringt Leiden, weil man erfährt, dass man das Wesentliche immer nur von ferne erahnen kann, dass der Intellekt die Kluft zwischen «Wesen und Gestalt» nie zu überbrücken vermag, da der Verstand nur für die Erfassung des Gestalteten seine Eignung hat und nicht das Erkenntnisorgan für das Wesentliche ist. Daher verkündet Lao-Tse seine Lehre vom Nichtwissen; daher sagte ein Sokrates 150 Jahre nach ihm: «Ich weiss, dass ich nichts weiss.»

Die Lehre vom Nichtwissen zeugt im tiefsten also nicht von Wissensfeindlichkeit, sondern wendet sich gegen die Wissensüberheblichkeit des von seinem Verstand betörten Menschen; sie wendet sich gegen die Oberflächlichkeit des rational eingestellten Menschen. Sie enthront den zur diktatorischen Herrschaft neigenden Intellekt, beschränkt ihn auf das ihm zukommende Gebiet der Gestalterfassung. Der Mensch, selbst aus dem Wesen der Welt und des Lebens gebildet, findet den unmittelbarsten Zugang zum Wesen der Welt, wenn er den Zugang zu sich selbst findet. Darum «schweigt der Weise und kehrt sich nach innen» (56, 2), wörtlich: «er schliesst seinen Mund und verschliesst seine Sinne» oder, wie ein alter Zen-Meister einmal sagte: er lässt Gras wachsen auf seiner Zunge. «Ins Unergründliche, ins Wesenhafte, führt unmittelbar der innere Weg» (53, 3); «das Wesen erschaut, wer wunschlos», also frei von Gier und Neugier, «zum Herzen der Dinge strebt» (1, 4). «Wahre Bildung ist Herzensgehorsam dem Unergründlichen gegenüber» (53, 1). Die Kräfte der Liebe, des Wohlwollens, der Güte, der Empfänglichkeit, aber auch der Phantasie und Intuition, der Wahrhaftigkeit und Rechtlichkeit, kurz: die Kräfte des Herzens und des Gewissens haben unmittelbareren Zugang zur Mitte der Dinge, zur Wesensmitte des Seins. So wie zwei Liebende ihr innerstes Einssein nur im tiefsten Schweigen erfahren und wirklich auch erleben und erkennen, so vermag auch der Weise in der Tiefe seines Schweigens die inneren Zusammenhänge der Welt zu erkennen und zu erleben. Darum findet er auch die rechte Einstellung zu jedem Geschehen (23, 1). Um diese Zusammenhänge wussten auch die «alten Meister», die noch «mit den wirkenden Mächten des Lebens eins waren» (15, 1), die vom Licht der inneren Erkenntnis durchdrungen waren. «Wer vom Licht der Erkenntnis durchdrungen, dennoch im Dunkeln bleibt, wird zur Leuchte der Welt. Ist er Leuchte der Welt, wird er von des Lichtes Mächten nicht verlassen, er kehrt zum Urgrund des Lebens (Ular: zum Wissenszustand der Allheit) zurück» (28, 3—4).

Lao-Tse weist noch auf zwei für die seelisch-geistige Gesundheit besonders wichtige Tatbestände hin: Einmal auf die Gefährlichkeit des Wissenswahns, zum andern auf die Notwendigkeit der Verwirklichung jeder Erkenntnis. Wir entnahmen schon aus 71, 1, dass derjenige, der nicht um sein Nichtwissen weiss, «in Wahn verstrickt» ist. Was wir mit Wahn wiedergegeben haben, heisst im Chinesischen eigentlich Krankheit. Das kennzeichnet die Situation noch anschaulicher. Der Wissensbetörte, dem die verstandesmässigen Erkenntnisse allein wahre Erkenntnisse sind, oder der glaubt, im Wissen das Wesen zu haben, ist ein kranker Mensch. Er wurde krank durch die Ueberernährung des Intellekts und durch die Unterernährung sämtlicher anderer Erkenntnisorgane. Es gibt zwei untrügliche Kennzeichen gesunden Wissens: Es ist voll verdautes Wissen, und es ist ein in die Lebensganzheit des Menschen eingegangenes Wissen. Jedes unverdaute Wissen erzeugt Störungen in den Erkenntnisfunktionen; jedes Wissen, für das man nicht reif ist, ist wie ein Gift, das sich zersetzend auf die Leib-Seele-Einheit auswirkt. Nicht die Erfindung der Maschine und die Entdeckung der Atomenergie sind tragisch, sondern das Unheil liegt darin, dass der Intellekt in Bereiche vordrang, für die der Mensch als Ganzes noch nicht gewachsen war. Darum müssen die selbstordnenden Kräfte des Lebens dem Menschen diese Verantwortung durch politische, wirtschaftliche und menschliche Katastrophen bewusst machen.

Lao-Tse sagt: «Nicht verfällt dem Wahn, der den Wahn als solchen erkennt. Der Weise ist frei von allem Wahn» (71, 2—3). Darum «vermag er in seinem Reifsein immer den Menschen zu helfen... und alles Seiende zu fördern» (27, 6—7). Weil er jede Erkenntnis in sich verwirklicht (41, 1), in sein Innerstes einfügt, wirklich mit seinem Herzblut durchtränkt, kann er «die ewigen Ordnungen erfüllen» (16, 10) und «irrtumslos seinen Weg gehen» (10, 3). Darum kann er als Herrscher «in Zeiten des Glücks und in Zeiten des Unglücks sein Volk mütterlich umhegen» (wörtlich: wie eine Vogelmutter sorgen) (10, 5). Darum ist es besser, eine einzige Erkenntnis wirklich «verdaut» in «Leben» umgesetzt zu haben, als viele Erkenntnisse nicht nur als toten Ballast, sondern als schädigendes Gift in sich zu tragen und die Einfalt des Herzens zu verlieren. Es bedarf keines grossen Wissens, um als Mensch im Einklang mit den Lebensgesetzen und den kosmischen Ordnungen zu leben und glücklich zu werden. Echtes Wissen will Wahrheit werden, will das Leben nicht schwieriger, sondern einfacher machen. Darum «ist der

Weise kein Vielwisser, sind Vielwisser keine Weisen» (81, 3). Darum spricht Jesus die geistig Armen und die, die reinen Herzens sind, selig (Math. 5; 3, 8). Darum zwingt Buddha seine Jünger, bis an die letzten Grenzen der Erkenntnis vorzustossen, um von allem Wissenswahn, allem Erkenntniswahn, allem Persönlichkeitswahn und allem individuellen Unsterblichkeitswahn frei zu werden. Darum sagt Meister Eckehart: «Solange Deine Seele die Form des Geistes behält, solange hat sie Gestaltetes zum Gegenstand, solange besitzt sie die Einheit nicht.»

2. Die Lehre vom Nichtwollen

Auch die Lehre vom Nichtwollen ist nicht Ausdruck einer weltverneinenden Haltung, sondern Ausdruck des Ringens um das rechte Wollen. Wie alle grossen religiösen Gestalten der Weltgeschichte erkennt Lao-Tse das enge Verflochtensein vom «göttlichen» und «dämonischen» Willen, vom kosmischen, d. h. auf das Lebensganze gerichteten, und egozentrischen, d. h. auf das süchtige Ich gerichteten Willen. Mit der Eigenwilligkeit beginnt jede Eigensucht. Eigenwille ist für Lao-Tse aber alles, was nicht in Uebereinstimmung mit Tao ist. «Immer aber stirbt, bevor er stirbt, wer eigenwillig handelt» (42, 8). «Wer etwas (wider die Gesetze des Lebens) erreichen will, muss scheitern; wer etwas mit Gewalt gewinnen will, muss es verlieren» (64, 10—11). Dies gilt im Einzelleben wie in der Gemeinschaft: «Mit Nichtwollen gewinnt man ein Reich» (57, 3). Kapitel 66 preist den nichtwollenden Staatsmann; wer nichts eigenwillig erstrebt, von dem will auch die Welt nichts (66, 6).

Warum fordern die Weisen das Nichtwollen? Sie beugen sich unter die Tatsache, dass kein Mensch das wirklich Notwendige und Richtige, das, was zum Heile des Einzelnen und der Gemeinschaft gereicht, in jedem Augenblick in vollem Umfang erkennen kann. Sie wissen, dass selbst die besten Absichten dem entgegengesetzt sein können, was gut und notwendig ist. Nicht nur der Mangel an umfassender Lebenseinsicht aber ist es, der den Weisen zur Zurückhaltung zwingt, sondern auch die Unmöglichkeit, im voraus die Folgen eines Wollens und eines Tuns überschauen zu können, da jedes Wollen und jede Tat, einmal ausgelöst, ihren eigenen Gesetzen folgen. Er vermag auch im voraus nicht zu wissen, wie stark die Widerstände sind, welche Gegenkräfte ausgelöst werden, und ob er die zu ihrer Ueberwindung notwendigen Kräfte besitzt. Die Unmöglichkeit, das unübersehbare Geflecht von Ursachen und Wirkungen zu durchschauen, das Bewusstsein um die Grenzen der Einsicht, die Ergriffenheit von der Uebermächtigkeit aller Sinn- und Wirkungszusammenhänge und nicht zuletzt das Vertrauen in die irrationalen Kräfte der Selbstordnung zwingen ihn zu sorgfältiger Selbstprüfung, ob und inwieweit sein Einsatz im Sinne des Lebensganzen notwendig, d. h. Not wendend ist.

Der abendländische Mensch wagt in seinem übersteigerten Selbstbewusstsein und weil ihm die Kenntnis von der Allverflochtenheit aller Kräfte fehlt, trotzdem; er glaubt, wollen und wirken zu müssen. Der östliche Mensch, mehr wissend, dass er nur Organ im Organismus ist, sieht seine erste Pflicht darin, «organtüchtig» zu werden und auf den Ruf zu warten. Dem östlichen Weisen ist nur das Wollen und das Tun richtig, das mit Notwendigkeit als ein Nicht-mehr-anders-können aus einem selbst hervorbricht; sein Wollen ist ein heiliges Müssen. Er wartet daher lieber, steht in der grossen Empfängnisbereitschaft, empfängt und erleidet in sich das Werdenwollende, trägt es in stiller Schwangerschaft in sich, bis es sich von selbst aus ihm gebiert und dann auch seiner Eigengesetzlichkeit zu folgen vermag. Solches Nichtwollen ist Voraussetzung zu jenem Wollen, das keinen andern Willen kennt als den, die Lebensordnungen zu erfüllen. Ein solcher Nichtwollender wird zum reinsten Willensträger der selbstschaffenden Mächte des Lebens. In ihm wirkt kein eigensüchtiger Wille mehr, sondern nur der Urwille des Lebens, der Geistwille des Seins. Darum sagt Lao-Tse: «Hundertfach wird eine Gemeinschaft gesegnet, wenn die Menschen nicht mehr wissen und nicht mehr heilig sein wollen» (19, 1). «Wer dem Unergründlichen gehorsam ist, ... gelangt zum Nichtwollen (oder: verringert sein Tun immer mehr) und endet im Nichtwirken» (48, 2—3).

3. Die Lehre vom Nichtwirken

Im notwendigen inneren Zusammenhang mit dem Nichtwollen steht das Nichtwirken. Nichtwirken meint nicht ein Nichttun oder Nichtstun, sondern ein Tun, das frei von allen eigenwilligen Strebungen ist, ein Tun, das sich ohne Anstrengung und Verkrampfung aus einem von selbst wie eine Frucht löst. Es meint ein Tun, das zweckfrei ist, nicht gemacht, sondern reif geworden, ein herzgewirktes Tun, das sich seines Tuns gar nicht bewusst ist. «Wu-Wei» nennt der Chinese solches Nichtwirken.

Wu-Wei ist für Lao-Tse ein Grundgesetz der Welt- und Lebensordnung. Es gilt im All, und es gilt für den Einzelnen, wie für die Gemeinschaft: «Im Unergründlichen ist kein Wirken (d. h. Tao ruht im Nichtwirken), und doch wirkt das Nichtwirkende alles» (37, 1). «Gelassen (oder: durch Gehenlassen) wirkt das Unergründliche (das verharrende Tao)» (40, 2). In 5, 3 veranschaulicht er es mit dem Bild des Blasebalgs, wobei man wissen muss, dass ein chinesischer Blasebalg (nach Richard Wilhelm) ein festes Gestell darstellt, das durch einen im Innern hin- und hergehenden Schieber in Tätigkeit gesetzt wird, ohne seine Gestalt zu verändern: «Wie des Schmiedes Blasebalg, in sich leer, doch höchste Glut und edelstes Schaffen ermöglicht, wenn er im Innern bewegt wird, so wirkt aus dem Nichts schöpferisch das All.» Nur infolge des Nichtwirkens vermag nach 43, 2 das Leere selbst in das Dichteste einzudringen. Freilich wenige sind es in der Welt, so schliesst dieses Kapitel, die nach diesem geheimnisvollen Wege forschen und den Segen des nichtwirkenwollenden Wirkens erkennen (43, 4).

Wu-Wei, Nichtwirken, kennzeichnet auch das Tun des Weisen. Wir hörten schon: «Er wirkt durch Nichtwirken, lehrt durch Schweigen, ... all sein Tun quillt aus Herzensgründen» (2, 9 ff.). Er «sucht nichts für sich und hat Erfolg» (22, 10), «erkennt rechtzeitig die Schwierigkeiten und vermag alles zu meistern» (63, 11). «Die andern scheitern oft kurz vor dem Ziel, weil sie nicht auf die rechte Stunde warten können» (64, 14).

Wer im Wirken frei von sich ist und innerlich auch frei von seinem Tun, der steht in der grossen Unbekümmertheit des Herzens. Er weiss, dass das Leben nicht auf ihn angewiesen ist; hält es ihn aber für würdig, so wird es ihn auch erwählen und zum Werke treiben. Nicht Resignation spricht aus solcher Haltung, sondern das unsagbare Glück des tief im Lebensgrund wurzelnden Menschen, eines Menschen, der nicht auf die Gnade anderer angewiesen ist und auch keiner Ehre mehr bedarf (siehe Kap. 13), der weiss: «Wort und Werk wollen aus dem Urgrund aufsteigen» (70, 2) und nicht aus seinem Eigenwollen. Wirken muss gegründetes Wirken sein, aus dem Urgrund des Schweigens aufsteigen, wenn es schöpferisches Tun sein soll. Es muss, wie die grossen Mystiker sagen, aus der Abgeschiedenheit kommen; denn nur dort wächst die Fähigkeit, zwischen dem Wesentlichen und dem Unwesentlichen, zwischen dem Notwendigen und nur notwendig Erscheinenden unterscheiden zu können.

Noch ein Tatbestand zwingt den östlichen Menschen zum Nichtwirken. Wirken bedeutet immer auch Krafthingabe. Die innere Verantwortung aber gegenüber den einem vom Leben gegebenen Kräften zwingt zu sorgfältiger Prüfung, ob und inwieweit sie sich lösen dürfen. Wirken ist ja mehr als nur tätig oder betriebsam sein. Es erfordert den Einsatz des ganzen Menschen. Das vergisst der Mensch des Westens allzuleicht. Darum **füllt** ihn die Arbeit zwar weit mehr **aus** als ihm lieb ist, aber sie vermag ihn nicht mehr zu **erfüllen**. Echtes Wirken aber ist ein aus Lebensgehorsam aufsteigendes Dienenmüssen am Ganzen, ein Dienenmüssen aus der Verantwortung gegenüber dem Menschheits- und Lebensganzen.

Die geschichtliche Erfahrung zeigt, dass der Westen das mit der Idee des Nichtwirkens Gemeinte nicht erkannt hat; der Osten hat aber teilweise ebenso die Idee des rechten Wirkens verkannt. Nicht alles Wirken des Abendländers ist eigenwillig gewesen, vieles war auch hier in echter Weise vom Leben gewirkt. Das Wirken des Abendländers und das Nichtwirken des indischen und chinesischen Weisen können beide gut und beide schlecht sein (vgl. 73, 3); sie gehören zum grossen Wechselspiel des Lebens, das uns durch diese polaren Auffassungen auf das Notwendige hinweisen will: selbstlos dem Ganzen zu dienen. Dass nun in unserer Gegenwart ein Mensch des Ostens aber zu zeigen vermochte, dass das Nichtwirken selbst die erfolgreichste politische Waffe ist, das ist kein Zufall. Auch das Nichtwirken Gandhis wurde im Abendland nur als passive Resistenz gesehen, Gandhi aber sah in ihm das Offenbarwerden der tiefsten seelischen Kräfte. Nichtwirkend zu wirken, das vermag nur ein Mensch, der vor sich und andern ganz wahr wurde, der von grosser Liebe erfüllt ist, der an den Sieg der Lebenskräfte zu glauben vermag und sich mit seinem ganzen Leben aufopfern kann. Nichtwirken ist das schwerste und das höchste Wirken.

4. Die Lehre von der Gewaltlosigkeit

Die Lehre von der Gewaltlosigkeit ist die Lehre vom Nichtwirken auf politischem Gebiet. Lao-Tse fordert für das innen- und aussenpolitische Wirken die Vermeidung jeglichen Zwangs, jeder Bevormundung; er fordert den Verzicht auf alle äusseren Machtmittel.

Ein weiser Fürst «wirkt ohne zu wirken und erwirkt gerade dadurch die Ordnung des Reichs» (3, 7). «Die Erfahrung zeigt, dass man sich die Welt nicht willentlich unterjochen kann. Die Welt ist ein sich selbst bildendes geistiges Ganzes. Sie mit Gewalt ordnen zu wollen, heisst, sie aus der Ordnung bringen. Sie mit Macht befestigen zu wollen, heisst, sie zerstören... Der Weise erzwingt daher nichts, er überhebt sich nicht und greift nicht mit Gewalt ein» (29, 1—4, 9); «er reisst nichts an sich, daher verliert er nichts» (64, 13).

Die Forderung der Gewaltlosigkeit kommt besonders eindeutig in den Kapiteln 30, 31 und 46 zum Ausdruck: «Der Herrscher, der den Ordnungsgesetzen des Alls folgt, (der Tao folgt,) sucht nicht die Welt mit Gewalt zu beherrschen; denn er weiss, es fällt alles auf einen selbst zurück. Schlachtfelder erzeugen nur Dornen und Disteln; Kriege bringen nur Elend und Not. Darum steht der Weise zwar in steter Bereitschaft, aber er erzwingt nichts mit Gewalt. Er kennt nicht Ehrsucht noch Ruhm, masst sich nichts an, strebt nicht nach Macht. Er tut das Notwendige, das Not wendet. Alle seine Entscheidungen sind fern von Gewalt. Er weiss um den Rhythmus des Werdens; er weiss, dass alles, was den Gesetzen inneren Lebens widerspricht, zerbricht, dass alles Wesenlose (Tao-lose) rasch zerfällt» (30, 1—7). «Auch die trefflichsten Waffen sind Werkzeuge des Unheils. Der wesentliche Mensch muss sie verachten... Waffen sind Geräte des Unheils, keines Edlen würdig» (31, 1, 4). Lao-Tse ist aber politisch genügend gebildet, um zu wissen, dass eine solche Haltung als Schwäche ausgelegt werden kann. Er weiss, dass sich Kriege nicht vermeiden lassen, dass auch sie Notwendigkeiten sind. Daher fordert er auch nicht die Aechtung des Krieges. Kein weiser Herrscher wird aber einen Krieg beginnen. Im aufgezwungenen Kampf aber bleibt die Pflicht zur Verteidigung und ist der Gebrauch der Waffen, obwohl sie immer Werkzeuge des Unheils bleiben, notwendig. Doch «auch im aufgezwungenen Kampf bleiben ihm Ruhe und Frieden das Höchste. Siegt er, so kann er sich nicht freuen. Freude am Sieg wäre Freude am Menschenmord. Wer sich am Hinschlachten von Menschen freut, kann seines Lebens Sinn nicht erfüllen» (31, 6—8). Es gibt also Pflichten und Notwendigkeiten im Leben, die erfüllt werden müssen, obwohl sie nicht den höchsten Anforderungen entsprechen. Lao-Tse ist kein pazifistischer Schwärmer. Er verfällt aber auch nicht dem Irrwahn, den Krieg zu segnen oder gar einen «heiligen Krieg» anzuerkennen, wie es späterhin im jüdischen, christlichen und islamitischen Bereich üblich wurde. Er weiss nur, dass egoistische Strebungen Kriege heraufbeschwören und dass die ordnenden Kräfte des Lebens notwendigerweise Gegenwirkungen auslösen, die nicht um des lieben Friedens willen und um gewisser hoher sittlicher Ideale willen unterlassen werden können. Die irrationalen Wirkkräfte des Lebens folgen andern Ordnungsgesetzen, als es sich der kleine Menschengeist vorstellt und wünscht, als es der gewöhnlichen sittlichen Kausalität entspricht. Im Wechselspiel der positiven und negativen Kräfte, die sich bei einem Krieg bei beiden Machtgruppen befinden, den wirklichen Sinn zu erkennen, ist keinem Menschen von vorn herein gegeben. Auch Sieg oder Niederlage sind kein Erweis. Lao-Tse trauert, wie Kap. 31 zeigt, auch beim Sieg. Der Sieger soll um jeden Toten so trauern, als ob er zur eigenen Sippe gehören würde; er soll den Schmerz der Sippen und die Trauer des Volkes als die seinige erleben. Diese echte Trauer um die zerstörten Kulturwerte und um die Gefallenen ist das grosse Reinigungsbad der Seele, durch das er innerlich von der notwendig gewordenen Schuld wieder befreit wird. Der Krieg bleibt für seine Seele etwas Furchtbares; denn das steht für ihn fest: «Lebt die Gemeinschaft in ihrer Ordnung (d. h. folgt sie ihrem Te), dann ziehen die Kriegsrosse den Pflug; verliert sie ihr inneres Gesetz (Te), dann stehen sie zum Kriege bereit» (46, 1—2). Wer also die Lösung irgend einer politischen Frage mittels des Krieges versucht, beweist ohne weiteres, dass er den selbstordnenden Kräften des Lebens nicht vertraut und sich aus der Allordnung gelöst hat. (Vgl. Tagore: «Gewalt anwenden? Wozu? Vermag Gewalt etwas gegen die Wahrheit?») Es ist nicht von ungefähr, dass Lao-Tse gerade in diesem Zusammenhang — und das ist die einzige Stelle im Tao-Te-King — von Sünde spricht: «Es gibt keine grössere Sünde als die Billigung zuchtloser Gier», denn die Begehrlichkeit und das Nichtwartenkönnen kennzeichnen immer den eigensüchtigen, niemals das Lebensganze sehenden Politiker. «Nur wer sich zufrieden gibt, hat dauernden Frieden im Land» (46, 6); «sind die Heere gleich stark, siegt der Besinnlichere» (69, 9).

Was aber kann der Politiker, der sich bemüht, im Einklang mit den grossen Lebensordnungen zu leben, vorbeugenderweise tun? Auch darauf gibt er Antwort, ein Beweis, wie gründlich Lao-Tse diesen ganzen Fragenkreis durchdacht hat. «Wer die Menschen im Einklang mit den Ordnungen des Alls führen will, der weiss um die Notwendigkeit fürsorglichen Mühens. Weitsichtige Fürsorge zwingt zu kluger Planung. Kluge Planung verstärkt die selbstwirkenden Kräfte. Wer diese Kräfte vermehrt, ist jeder Lage gewachsen. Wer jeder Lage gewachsen ist, kann in seinen Wirkungsmöglichkeiten nicht erfasst werden. Wer mehr Kräfte besitzt, als er zeigt, der kann ein Reich führen. Wer so ein Reich nach den grossen Ordnungen führt, wird nicht versagen; der gründet tief, ist festgefügt, und handelt, das Wesentliche schauend, im Sinn des Unergründlichen» (59, 1—8). Lao-Tse sieht also das Entscheidende darin, dass der Staatsmann nicht nach äusserer Machtstärke, sondern nach innerer Mächtigkeit strebt; aus seiner Kenntnis der grossen Lebensgesetze heraus soll er das für seine Zeit notwendig Werdende weitsichtig planen und in Angriff nehmen. Bemüht er sich mit allen seinen Kräften in seinem Reich um die Lösung der offenen Probleme, führt er es also von innen her, so wird er nicht nur die Erfahrung machen, dass seine eigenen Innenkräfte stärker werden, sondern dass auch die irrationalen, selbstordnenden Kräfte des Lebens vermehrt in Wirksamkeit zu treten vermögen. Ohne um die Stärke dieser Kräfte selbst zu wissen, werden diese auch über sein Reich hinaus wirksam werden und negative Gegenkräfte schwächen oder gar unwirksam machen.

Viele Ausleger haben aus dem 80. Kapitel, in dem Lao-Tse für die unbedingte Selbständigkeit auch des allerkleinsten Staates eintritt, wenn dessen Bewohner es wünschen, geschlossen, dass Lao-Tses Staatsideal in kleinen und kleinsten Staaten liege. Das ist aber nicht richtig. Nicht die Grösse oder Kleinheit eines Staatsgebietes ist für ihn wichtig, sondern allein die Frage, inwieweit in einem Staat die Lebensgesetze und Lebensordnungen verwirklicht werden. Wenn ein kleines Gemeinwesen sich selbst genügt und sich selbst zu erhalten vermag, dann dürfen weder staatspolitische noch völkische oder sonstige Erwägungen daran etwas ändern wollen. Auch der Gesichtspunkt der grösseren staatlichen oder völkischen Einheit hat keinerlei Berechtigung, wenn er dem inneren Bedürfnis der Menschen dieses Kleinstaates widerspricht. Lao-Tse ist allerdings überzeugt, dass das allerkleinste Staatsgebilde («in dem Hahnenschrei und Hundegebell von hüben und drüben gehört werden können»), wenn dessen Bewohner die Lebensordnungen schlicht erfüllen, wertvoller ist als jedes grosse Reich, das seinen Bestand innen- und aussenpolitisch nur durch Gewalt sichern kann. Immer ist für ihn die Grösse innerer Mächtigkeit entscheidend und nicht die Fülle äusserer Macht.

5. Wege zur inneren Einheit

Mit Lao-Tses Lehre vom Nichtwissen, Nichtwollen und Nichtwirken und von der Gewaltlosigkeit war keine negative Lebenseinstellung gegeben. Wir erkannten, dass es ihm im Gegenteil um die rechte Erkenntnis, um das rechte Wollen und Wirken und um die rechte Lösung der politischen Fragen ging. Wir erkannten zugleich, dass alles rechte Erkennen, Wollen und Wirken von innen her erfolgen, aus dem Urgrund des Wesens aufsteigen muss. Wie aber kann nun der Mensch die innere Einheit finden, wie kommt er zu einem ursprünglichen Leben? Kapitel 10, 1—3 gibt uns drei Hinweise: 1. «Beherrschung des Geistes und Einklang der Kräfte bewahrt die Seele vor Zersplitterung; 2. Seine Herzkraft bewahrend, anpassend sich fügend, wird der Mensch dem Kinde gleich; 3. Ständig sich läuternd, immer tiefer schauend, geht er irrtumslos seinen Weg.» Wir wollen diese drei Hinweise, die sich durch das ganze Tao-Te-King hindurchziehen, wegen ihrer grundlegenden Wichtigkeit etwas eingehender beleuchten.

a) D i e E i n h e i t u n d E i n i g u n g s k r a f t d e r S e e l e

Einheit und Ganzheit kennzeichnen die grossen Ordnungsbereiche der Welt, wie wir im Kapitel über die Weltordnung sahen. Sie kennzeichnen auch den Herrscher. Der Herrscher und der Weise sind aber bei Lao-Tse immer nur das Vorbild für den Menschen überhaupt. Jeder Mensch soll demnach eine Einheit und Ganzheit in sich darstellen. Im Kind ist diese noch anschaulich offenbar.

Mit der Entwicklung der Triebkräfte und der seelisch-geistigen Kräfte verliert der Mensch in der Regel seine ursprüngliche innere Einheit. Es beginnt der Kampf aller biologischen und aller seelisch-geistigen Kräfte um die Vorherrschaft. In der Pubertätszeit befindet sich dieser Kampf zum ersten Male auf einem Höhepunkt, weil er nun alle Bereiche des Menschen ergreift. Der junge Mensch wird widerspruchsvoll, kennt sich selbst nicht mehr recht aus und findet sich zuweilen selbst nicht mehr; die Gefahr der inneren Zersplitterung ist gegeben. Zwei Voraussetzungen müssen nun nach Lao-Tse erfüllt sein, um die Seele vor Zersplitterung zu bewahren: die Beherrschung des Geistes und der Einklang der Kräfte.

Beherrschung des Geistes und Einklang der Kräfte ist mehr als «unablässige Zucht der Sinne», wie Carus meint; es geht auch nicht bloss um die «Beherrschung der sinnlichen Seele durch die geistige Seele», wie es Julien sieht, oder um die Beherrschung der animalischen Seele, wie Legge meint. Wir müssen zunächst festhalten, dass sich die Seele nicht so aufspalten lässt. Sie ist ein Ganzes, kein «wunderliches Kreatürchen» (Luther), sondern «der Sinn des lebendigen Leibes» (Klages), das Wesenhafte im Menschen, das Zugang zu allen leiblichen, allen gemüthaften und allen geistigen Bereichen hat und Zugang zu allen Funktionen, die in und zwischen diesen Bereichen sich vollziehen. Erst die Tiefenpsychologie hat die Erkenntnis der alten Mystiker und der östlichen Philosophen bestätigt, dass die Seele des Menschen Innerstes ist und in sich jenes zentrale Führungsorgan enthält, das die innere Einheit und Ganzheit des Menschen erstrebt, die leibliche und seelisch-geistige Gesundheit des Menschen sicherzustellen vermag. Die Seele ist die dem Menschen innewohnende «innere Vernunft», die den Einklang aller Kräfte im Individuum ebenso erstrebt wie den Einklang des Individuums mit allem Wesenhaften im Kosmos. Sie stellt, mit Lao-Tse gesprochen, in ihrer Wesenhaftigkeit Tao (in seiner 5. Bedeutung als religiöser Urgrund im Menschen), in ihrer Wirkkraft, in ihrem Ordnungs-, Einigungs- und Zielwillen, das Te im Menschen dar. Diese innere Vernunft, dieser Allwille im Einzelnen, diese innerste Führungskraft im seelischen Zentralbereich, vermag allein entscheidend die Seele vor Zersplitterung zu bewahren.

Gefahr droht der Seele von allen Seiten. Zwei Gefahrengruppen aber scheint Lao-Tse zu unterscheiden. Die eine kommt vom Intellekt her — wie wir schon aus seiner Lehre vom Nichtwissen erkannten —, die andere von den «Begierden», wie wir die Gruppe der leiblichen, gemüthaften und willentlichen Kräfte — wenigstens soweit sich diese negativ auswirken — mit einem Wort Lao-Tses umreissen können. Der Intellekt versucht, den Menschen von seinem Lebensgrund zu lösen und seine Verstandeskräfte autonom zu machen; durch den Intellekt wird dann der Mensch des Menschen Feind. Die Triebe ihrerseits versuchen ebenfalls die Herrschaft an sich zu reissen, ebenso die gemüthaften und willentlichen Kräfte, die vom Unterbewussten her, oft geschickt getarnt, ihre Machtansprüche erheben. Darum fordert Lao-Tse erstens die Beherrschung des Geistes, der intellektuellen Kräfte, und zweitens den Einklang der Kräfte, dies heisst: die Einordnung der geistigen Kräfte im engeren Sinn in das seelische Ganze und die harmonische Entfaltung und das harmonische Zusammenspiel aller übrigen Kräfte.

Wie ist nun die Beherrschung der intellektuellen Kräfte und der Einklang aller im Menschen wirkenden Kräfte zu erreichen? Eben dadurch, dass der Mensch sich den besten Kräften seines innersten Wesens anvertraut; dass er sich der inneren Führung durch sein Selbst überlässt; dass er, sich selbst erkennend, den Weg inneren Gehorsams geht, — in den Worten Lao-Tses: in Tao wandelt und seinem Te gehorsam ist. Der Weise öffnet sich den Bild- und Bildekräften seiner Seele (35,1); denn er weiss, dass in seiner Seele Urbilder und Zielbilder wirksam werden wollen. Er vertraut den zur Harmonie drängenden Kräften seiner Seele (55,6). «Der Weise, von seinem Inneren geleitet, bestimmt seiner Sinne Grenzen. Alles Sinnliche ist ihm auch nur ein Weg zum Sinn» (12, 6—7). Keiner der Sinne und Kräfte soll im Menschen Herrschaftsanspruch erheben: «Der Farben Vielfalt blendet die Augen; der Töne Fülle betäubt das Gehör; der Gewürze Reichtum verdirbt den Geschmack; der Leidenschaften Drang verwirrt das Herz; die Gier nach schwer Erreichbarem zerstört die Sitten» (12, 1—5). «Eigenwillig seines Lebens Kräfte zur Erhöhung des Genusses verwenden, scheint zwar von Stärke zu zeugen, ist aber Täuschung» (55, 8). So ist also Selbstbegrenzung, Selbstzügelung, Selbstbeherrschung, das Bleiben in seinen Grenzen trotz der Möglichkeiten, die sich einem auftun (72, 6), eine der Voraussetzungen, dass die selbstwirkenden Ordnungskräfte sich durchsetzen können. «Klug ist, wer andere durchschaut, — weise, wer sich selbst durchschaut. Kraft beweist, wer andere zwingt, — Art jedoch, wer sich selbst bezwingt, Willen hat, wer Herr seines Tuns ist, — Reichtum aber, wer zufrieden bleibt. Standhaft ist, wer an seinem Platz verharrt, — wahrhaft lebt, wer im Tod besteht» (33, 1—4).

Das Streben nach Selbstvervollkommnung birgt aber auch seine Gefahren in sich und kann sich auch in sein Gegenteil verkehren, wie das Leben mancher Asketen und Mönche, mancher Sektierer und Persönlichkeitsfanatiker, mancher Idealisten und Gläubigen zeigt. Nietzsche lässt seinen Zarathustra sagen: «In der Einsamkeit wächst, was einer in sie bringt, auch das innere Vieh» (IV, 13), um anzudeuten, dass man für die Einsamkeit reif sein muss und dass es sehr gefährlich ist, sich mit sich selbst zu beschäftigen. Ranke weist auf eine andere Gefahr hin: «Dann erst lebt man, wenn man sich selbst nicht weiss.» Die hohe Wachbewusstheit des Geistes zwingt den um seine Vervollkommnung ringenden Menschen oft dazu, alles ganz klar sehen und begreifen zu wollen; die Geschichte jeder Orthodoxie zeigt, in welch lebensfeindliche Abseitigkeit dies führt. «Undurchschaubar wie sumpfige Wasser», keineswegs aber «klar» waren die alten Meister (15, 10); brodelndes Chaos ist, wo Schöpfung wird. Denn auch das gehört zum Wesen echter Selbsterkenntnis, dass man erkennt, sich nicht nur nicht immer erkennen zu können, sondern auch nicht immer erkennen zu dürfen. Der sich um Selbsterkenntnis Bemühende ist immer wieder in Gefahr, an sich selbst haften zu bleiben. Ohne Lösung von sich, auch von seiner Selbsterkenntnis und seinem Streben nach Selbstvervollkommnung, kann sich aber keine echte Menschbildung vollziehen. Das meint Ranke in Uebereinstimmung mit Lao-Tse, der auffallend oft darauf hinweist, dass der Weise nicht nach sich fragen soll, wenn er zu sich kommen will, dass er seiner selbst nicht achten soll, wenn sich sein Selbst vollenden soll (7, 5-6; 15, 13; 22, 8-11

u. a.) und dass er der Lebensfülle aufgeschlossen bleiben muss: «Er lebt zwar zurückgezogen, doch bleibt er weltweit dem Leben geöffnet» (49, 4).

Verwirrung der Seele wird, wenn zu viel von aussen auf unser Innerstes eindringt, aber auch, wenn sich der Mensch zu viel mit sich selbst beschäftigt; sie wird, wenn der Mensch sich nicht um Lebenserkenntnis und auch, wenn er sich nicht um Selbsterkenntnis bemüht; immer muss die doppelseitige Dynamik des Bildungsgeschehens gesehen werden. Innere Einheit der Seele aber wird, wenn man sich den innersten Führungskräften der Seele überlässt; diese bewirken den rechten Ausgriff in die Welt und die rechte Einkehr, die rechte Aufgeschlossenheit dem gesamten Leben und sich selbst gegenüber, jeweils zur rechten Zeit. Die inneren Führungskräfte aber vermögen umso sicherer zu wirken, je weniger man sich bewusst darauf konzentriert. Die grosse Unbekümmertheit auch um die eigene Vollendung (19, 1!) ist ein Kennzeichen innerlich echt gewordenen Lebens; denn kein Mensch vermag zu wissen, was sich in ihm und durch ihn vollenden will. Das wirkende Leben will auch sein Leben in grössere Lebenszusammenhänge einfügen; die Ganzheit seiner Seele soll sich wiederum in grösseren Ganzheiten vollenden. «So kümmert sich auch der Weise nicht um sein Heil, darum findet er es» (63, 8).

b) Der Weg zur Ursprünglichkeit

Der Mensch, der auf dem Wege zu seiner inneren Einheit und Ganzheit ist, findet zugleich zu des Kindes Ursprünglichkeit zurück, vermag wieder unmittelbar zu leben. Doch glaubt Lao-Tse auch hier noch zwei besondere Hinweise geben zu müssen: «Seine Herzkraft bewahrend, anpassend sich fügend, wird der Mensch dem Kinde gleich» (10, 2). Was hier mit «Herzkraft» bezeichnet ist, wird von den Sinologen mit Lebenskraft, Lebensodem oder einfach mit Seele wiedergegeben. Es sind nicht die vitalen Kräfte und nicht die Atemkräfte gemeint, ersteres wäre zu eng auf die leiblichen Kräfte bezogen, letzteres zu einseitig (obwohl die hohe Bedeutung der Atemkräfte auch in China frühzeitig erkannt worden war); sondern es dürften die aus der Tiefe des Gemüts aufsteigenden Kräfte gemeint sein, wobei wir es offen lassen wollen, ob die Leben auslösende und erhaltende Kraft, also die Lebenskraft im eigentlichen Sinne, gemeint ist, oder die Summe der das Gemüt bestimmenden Kräfte (der Empfindungen und Gefühle in erster Linie) oder, allgemeiner gesagt, die Summe aller irrationalen Kräfte im Menschen. In jedem Fall handelt es sich nicht um die geistig-intellektuellen Kräfte und nicht um die leiblichen Kräfte im engeren Sinn. Der Mensch soll seine inneren Kräfte, eben die «Herzkräfte», «bewahren», oder wie es wörtlich heisst: «im Zaum halten». Er soll sich seiner Verantwortung gegenüber den Kräften bewusst bleiben, die Gefühle zügeln, die Triebe bändigen, den Willen straffen; er soll sich seelisch auf das jeweils notwendige Tun konzentrieren, denn «wer verhaltener Sinne bleibt und seine Kräfte wahrt, der erschöpft sich nicht» (52, 5). Innere Sammlung und äussere Konzentration auf das jeweils Notwendige runden nicht nur Leben und Tun des Menschen zu einem geschlossenen Ganzen ab, tragen nicht nur zur inneren und äusseren Ordnung des Lebens bei, sondern erschliessen auch die inneren Quellen. Wo diese Sammlung, diese seelische Konzentration, fehlt, wo der Mensch «sich ausgibt und umtriebig in alles mischt» (52, 6), zersplittern sich die Kräfte, verpuffen die Gefühle, werden die Empfindungen schwach, erschöpft sich der Mensch. Erschöpfung in jeder Form weist auf den Mangel an innerer Sammlung und Ruhe hin. «Wer die Ruhe stets bewahrt, ist Herr jeder Unruhe» (26, 2). Jeder zügellose Gedanke, jedes unnötig gesprochene Wort, jedes oberflächliche Tun erschöpft. «Wer nicht schweigen kann, erschöpft sich» (5, 5); wer sich umtriebig in alles mischt, der lebt vergeblich» (52, 6). Kein Lebewesen lebt vergeblich — ausser der Mensch, der seine Freiheit nicht mit seiner Verantwortung verbindet.

Konzentration, Sammlung, Selbstzügelung ist aber wiederum kein Dauerzustand. Der gute Reiter hält sein Pferd nicht dauernd im Zaum, er lässt die Zügel auch wieder locker und überlässt sich der Führung durch sein Pferd. Darum fügt

Lao-Tse seinem ersten Hinweis: «die Herzkraft wahrend» den zweiten zu: «anpassend sich fügend», d. h. der Mensch soll sich so unmittelbar dem wirkenden Leben überlassen, dass er in jedem Augenblick auch wieder zur Lösung und Entspannung bereit ist; er soll sich jederzeit auch auf eine neue Lebenssituation einstellen können, geschmeidig sich anpassen, ruhig sich einfügen, gelassen sich fallen lassen. Dieses Wechselspiel von Anspannung und Lösung, Zügelung und Lockerung, bewusstem Sichselbstführen und unbewusstem Sichführenlassen, wobei man doch Herr der Situation bleibt, selbst wenn man sich dieser überlässt, ist nicht nur für die seelische Gesundheit entscheidend, sondern nach Lao-Tse auch ein Weg, um zu des Kindes Ursprünglichkeit zurückzukehren, um den ursprünglichen Rhythmus des Lebens wieder zu finden und in ihn einzugehen.

Anpassendes Sicheinfügen — shun genannt — kennzeichnet alles lebendige Wachstum. Das Gesetz der Anpassung (Adaption) geht durch die ganze Natur hindurch. Grösse, äussere Gestalt, innerer Bau, Farbe und zahlreiche Sondereinrichtungen bei Pflanzen und Tieren, die Veränderung der Lebewesen im Lauf der Jahrmillionen, all dies zeigt die umfassende Wichtigkeit der richtigen Anpassung und Einfügung in das jeweilige Lebensganze. Auch der Mensch ist in bestimmte Kultur- und Lebenskreise eingefügt. [Darum ist es auch «töricht, keine Ehrfurcht zu zeigen vor dem, was andern Ehrfurcht einflösst» (20, 4).] Es braucht jedes seinen eigenen Boden, sein eigenes Klima, seine eigenen Wachstumsbedingungen, die sowohl durch sein Erbe wie durch den Zielwillen seines Lebens bestimmt werden. Für den Menschen gilt dieses biologische Grundgesetz von der Notwendigkeit der Anpassung, um das Leben gesund und stark zu erhalten, auch für das alltäglichste Geschehen im seelischen Bereich, und es gilt, wie wir sehen werden, auch im geistig-religiösen Bereich.

Sich-anpassen und -einfügen kann nur der empfängliche Mensch. Er allein steht innerlich jeder Situation so gegenüber, dass er für sich daraus lernen und innerlich wachsen kann. Es gibt aber keine Situation im Leben, die einen nicht innerlich zu fördern vermag. Dem Wechsel alles Geschehens immer so unmittelbar aufgeschlossen zu bleiben, das erhält nicht nur die seelischen Kräfte in lebendiger Bewegung, sondern erhält auch den Menschen innerlich jung.

Es gibt auch ein Sichfügen, das negativ bewertet werden muss, jenes resignierende Sichabfinden mit einer einem unangenehmen Situation, jene nachgiebige Schwäche und Bequemlichkeit, die sich den wirkenden Kräften verschliesst, die nichts lernen will; solches Anpassen macht den Menschen immer in irgendeiner Weise lebensuntauglich; es verschliesst die Quellen zu einem frohen und starken und ursprünglichen Leben.

Lao-Tse geht aber noch weiter. Er kennt nicht nur jenes positive Sicheinfügen, von dem wir oben sprachen und das auch die Pflanzen- und Tierwelt beherrscht, das Anpassen an das einem Gegebene oder auf einen Zukommende, das wir im folgenden als das «empfängliche Sicheinfügen» bezeichnen wollen, sondern er kennt auch ein «aktives» Sicheinfügen. Wir meinen damit, dass der Mensch als das mit Freiheit begabte Geschöpf die Möglichkeit hat, von sich aus frei zu wählen, in welchen Kreisen er leben will, welchen seelischen, geistigen oder religiösen Einflüssen er sich öffnen will, kurz, was und in welchem Umfang etwas auf ihn Einfluss gewinnen soll. Ein Sprichwort sagt: «Der Mensch ist, was er isst»; dies meint, dass der Mensch das sein wird, was er in sich aufnimmt. Weil der Mensch eine Leib-Seele-Einheit darstellt, wirkt sowohl das, was er leiblich, als auch das, was er seelisch, geistig und religiös in sich aufnimmt, gleichermassen auf ihn ein. Die Einwirkung ist umso tiefgreifender, je tiefer die seelischen Schichten liegen, die davon betroffen werden können, je mehr das «Innerste» des Menschen mit davon berührt wird. Dieses aktive Sicheinfügen bewirkt, dass jeder den Himmel und jeder die Hölle hat, die er sich gewünscht und die er erstrebt hat; es hat jeder den Gott, den er sich ersehnt; es kommt zu jedem — Mephisto in der Gestalt, die er sich wünscht.

Lao-Tse sagt: «Wer sich in seinem Tun vom Unergründlichen (von Tao) bestimmen lässt, wird eins mit ihm. Wer sich in seinem Tun von seinem innersten Wesen (seinem Te) bestimmen lässt, wird eins mit sich selbst. Wer sich in seinem Tun von irgend etwas bestimmen lässt, wird eins mit diesem» (23, 6—8). Was wir so allgemein mit «irgend etwas» wiedergegeben haben, ist seinem konkreten Inhalt nach philologisch umstritten; an was Lao-Tse gedacht hat, kann nicht mehr festgestellt werden. Es ist aber auch völlig gleichgültig, da er eben nur auf ein Grundgesetz hinweisen will. Wer sich als Pechvogel betrachtet, wird ein solcher; wer überall das Schöne sehen will, für den wird alles schön. Wem die Welt ein Sündenpfuhl ist, kann keine Freude an ihr haben; wer seine Seligkeit in einer Sekte sucht, findet sie auch dort. Es ist dieselbe Erkenntnis, die wir auch in der Bhagavadgita finden: «Die den Göttern dienen, gehen zu den Göttern ein; die den Ahnen dienen, zu den Ahnen; die den bösen Wesen opfern, zu den bösen Wesen; ebenso auch meine Verehrer zu mir (Krishna)» (IX, 25). «Wenn irgend ein Verehrer irgendeiner Erscheinungsform gläubig zu dienen wünscht, so mache ich (Krishna) ihm diesen seinen Glauben unerschütterlich» (VII, 21) — eine religionspsychologische Erkenntnis von unerhörter Tiefe. Immer ist die innere Einstellung des Menschen entscheidend für seine «Seligkeit», die Götter geben lächelnd jedem, was er zu brauchen glaubt; der Volksmund sagt: «Ein jeder kriegt, was er erstrebt», und nur der nichteinsichtige Mensch vermag nicht die innere Einheit dessen zu sehen, was hier der Volksmund und der grosse Philosoph gleichermassen meinen. Lao-Tse fährt in 23, 9—12 fort: «Wer sich in das Unergründliche (Tao) einfügt, dem wird in dieser Einfügung der Segen des Unergründlichen. Wer sich seinem innersten Wesen (Te) einfügt, dem wird in dieser Einfügung der Segen des Innersten. Wer sich in irgend etwas einfügt, dem wird in dieser Einfügung Segen oder Fluch, je nach der Wesenheit dieses Irgendetwas.» Kurz: «Jedem wird das Vertrauen, das er gibt.» Wir könnten auch sagen, wenn wir an das «empfängliche Sicheinfügen» denken: Wer sich allem Geschehen vertrauend einzufügen weiss, dem dient auch alles Geschehen zum Heil. Hans Künkel hat diesen gesamten Tatbestand als das seelische Resonanzgesetz bezeichnet. Wir kommen darauf zurück. In unserem jetzigen Zusammenhang — wie findet der Mensch seine Ursprünglichkeit — ist nur festzustellen, dass es neben der inneren Sammlung und Wahrung der Herzkräfte sowohl auf das empfängliche wie auf das aktive richtige Sicheinfügen ankommt, dass man sich bewusst auch den schöpferischen Innenkräften zuwenden muss, wenn diese wirksam werden sollen. Das meint auch Jesus mit seinem Wort: «Suchet, so werdet ihr finden.»

c) Der Weg zur Lebenssicherheit

Alle geistigen und religiösen Erkenntnisse und alle sittlichen Gebote sind wertlos, wenn sie dem Menschen nicht Lebenssicherheit geben. Der Mensch will sich geborgen wissen, wie das Kind bei der Mutter, will seinen Weg innerlich sicher gehen. Der Weg, den er vor sich sieht, mag dann noch so schwer sein, wenn er nur weiss, auf dem sicheren, zum Ziele führenden Wege zu sein. Wie kommt der Mensch zu der inneren Sicherheit, zu der Erkenntnis, auf dem rechten Wege zu sein und irrtumslos gehen zu können? Lao-Tse antwortet: «Ständig sich läuternd, immer tiefer schauend, geht er irrtumslos seinen Weg» (10, 3). Was ist mit dieser ständigen Läuterung und der immer tiefer werdenden Schau in die Lebenszusammenhänge gemeint?

Zunächst einige Hinweise zur «ständigen Läuterung». Sich läutern heisst lauter werden; die Grundbedeutung von läutern ist waschen und reinigen. Die körperliche Waschung und Reinigung ist uns allen selbstverständlich, die Notwendigkeit der Waschung und Reinigung des ganzen Menschen, also auch des inneren Menschen wird vielfach verkannt. Zwar haben alle grossen Religionen ihre Reinigungsgebote, doch wer erkennt deren tiefsten Sinn? Welchen Wert legt Buddha auf eine geläuterte Erkenntnis, der Yoga auf die Reinigung und Zügelung der Sinne und auf das Entleeren und Entlüsten, Jesus auf das reine Herz! Ständige Läuterung fordert Lao-Tse. Ohne diese gibt es kein «wunschloses Aufwärtsstreben» (16, 1), wird man nicht «wunschlos nach innen und anspruchslos nach aussen» (8, 3), erkennt man nicht, dass aller Kummer, alle Sorge und alle Not aus dem

Ich kommen (13, 7—8), dass nur «dem Selbstlosen allein Erfüllung wird» (7, 7). Ohne tägliche Selbstprüfung und Selbstläuterung vermag man nicht «hingebend im Dienen und wahrhaftig im Reden» zu sein (8, 4). Lauter werden, das heisst wahr werden vor sich selbst und andern, unerbittlich und rücksichtslos wahr gegen sich, schonungslos wahr gegenüber seinen eigenen innersten Beweggründen, unbestechlich gegenüber der Umwelt. Wahr sein heisst natürlich sein, heisst «alles unnatürliche Tun verabscheuen» (24, 7), blosse Betriebsamkeit fürchten (53, 2), nicht «mit Kleidern protzen», nicht «mit Schmuck prunken», nicht «mit Waffen prangen», nicht «bei Essen und Trinken prassen», nicht «Schätze horten» (53, 5). Sich läutern heisst, sich immer mehr bescheiden, den Mut haben, «einsam, verlassen und gering zu sein» (42, 7), keine Ehre zu beanspruchen, weil man um seine Würde weiss (72, 5). Sich läutern heisst echt werden, heisst «Kernholz sein» wie die alten Meister (15, 8), heisst «leistungsstark im Wirken» sein und «ordnend im Führen» (8, 5), heisst um das rechte Mass wissen, ausgleichen, vermitteln (vgl. 4, 2 und 56, 3).

Kein Wort von einer Beichte finden wir bei Lao-Tse. Was der erste Satz des ersten Lesebuches für die chinesischen Kinder noch heute sagt: «Der Mensch ist gut», was Meng-Tse sagt: «Es ist dem Menschen ebenso natürlich gut zu sein, wie es dem Wasser natürlich ist, in die Tiefe zu strömen», das war schon zuvor Lao-Tse ebenso selbstverständlich wie Confucius. (Die grosse pädagogische Bedeutung dieser positiven Grundwertung des Menschen zeigt sich schon darin, dass ganz China bis zum letzten Jahrhundert, bis die Europäer kamen, keine Polizei brauchte.) Der Mensch wurde deswegen als gut betrachtet, weil er als Teil des Weltganzen gesehen wurde. Dieses ist vollkommen, zeigt eine harmonische Grundordnung, und diese bestimmt auch den kleinsten Teil des ganzen Ordnungsgefüges, den Menschen. Wenn der Mensch Böses tut, ist nach chinesischer Auffassung nicht seine erbsündige Veranlagung, nicht eine satanisierte Welt, sondern er allein schuldig, weil er nicht dem in ihm wirkenden Ziel- und Ordnungswillen gehorsam blieb.

Wohl wusste auch der Chinese um die Macht des Bösen; Sün-Tse (Sün K'uang) vertrat 300 Jahre nach Lao-Tse auch die Lehre von der angeborenen Schlechtigkeit des Menschen, und die chinesischen Philosophen rangen ein ganzes Jahrtausend um die Frage, ob der Mensch gut oder schlecht sei; doch seit Han Jü (768—824), dem grossen Lyriker und philosophischen Schriftsteller, ist das Ringen um diese Frage zugunsten der positiven Grundwertung des Menschen im Geist der altchinesischen Philosophen entschieden.

Das Gutsein des Menschen wurde von je als eine hohe Verpflichtung betrachtet, besonders weil die alltägliche Erfahrung zeigte, dass der Mensch die Freiheit hat, auch das Böse zu tun. Gut ist und bleibt und wird der Mensch nur insoweit, als er sich in Uebereinstimmung mit der grossen Lebensordnung befindet, als er, in Tao gründend, seinem Te folgt. Darum forderte Lao-Tse die «ständige Läuterung», das immerwährende Sichselberprüfen und das Bessermachen. Vor andern seine Fehler bekennen, andere mit dem eigenen Schmutz zu belasten, darauf kommt kein natürlich empfindender Mensch. Lao-Tse gebraucht das kühne Wort: Tao ist «der Zufluchtsort auch der Nichtguten» (62, 1), d. h. des vom Pfad des Guten Abgewichenen, des aus der Ordnung Gekommenen. Der Mensch selbst soll sich bemühen, wieder in Ordnung zu kommen; er soll nicht «fromme und schöne Worte gebrauchen» (62, 2), sondern mit der Tat die Folgerungen aus seiner Sünde ziehen: «Denn nur edle Taten helfen dem Menschen zu seiner Vollendung» (ebda). Nur die Tat befreit; sie ist die wahre Sühne.

Freilich, Lao-Tse weiss auch, dass sich nicht jeder wieder von selbst zurecht findet. Mancher kommt ohne persönliche Schuld aus dem Geleise. Auch die Gemeinschaft kann sich am Einzelnen versündigen. Darum müssen die, die Einsicht und Erkenntnis haben, auch helfen. «Edle» Taten sind für Lao-Tse in erster Linie solche, durch die andern Menschen geholfen wird, dass ihr Leben wieder in Ordnung kommt. Kein «Schlechter» darf verworfen werden! (62, 3) Ja, Lao-Tse bezeichnet diese Hilfe am Menschen als die wichtigste politische Aufgabe (62, 4—5). Denn ständige Läuterung der

Gemeinschaft ist die wichtigste Aufgabe jedes Menschenführers neben der eignen Läuterung.

Wir sagten (S. 165), dass der Mensch sich nicht immer selbst erkennen darf und kann. Er ist auch nicht immer in der Lage, den sich oft auf irrationale Weise vollziehenden Läuterungsprozess zu durchschauen, und er darf auch nicht «heilig sein wollen» (19, 1), sonst stört er den Selbstreinigungsprozess und den Selbstheilungsprozess seiner innersten Natur. Die ständige Läuterung und das gelassene Vertrauen in die Selbstordnung sind logisch gesehen Widersprüche, lebensgesetzlich gesehen eine dynamische Einheit. Verkrampfter Läuterungswille führt zur Selbstgerechtigkeit und sittlich-religiöser Eitelkeit, blosses Vertrauen in die selbstordnenden Kräfte ohne den ganzen Willen, sich selbst zu bessern, schaltet deren Wirksamkeit aus.

Je ernsthafter sich nun ein Mensch bemüht, mit sich in Ordnung zu kommen, desto mehr wird er die Erfahrung machen, dass immer unheimlichere Tiefen in ihm aufbrechen und ihn aufs neue überwältigen wollen. «Jede Ordnung» — auch jede innerseelische — «führt zur Unordnung». Die Sturmfluten neuwerdenwollenden Lebens reissen aufs neue alle Dämme gewonnener Ordnung wieder ein. Ist dies nicht ein Beweis, dass es für den Menschen keine Lebenssicherheit gibt? Es könnte so scheinen, und es ist so, solange der Mensch nicht erkennt, dass «Hohes» nur wird, wo «Tiefes» ist (2, 6), dass «alles Lebendige, alles Bestehende, aus dem Dunklen hervorgeht und nach dem Licht strebt» (42, 5), dass der Mensch Yang und Yin, Lichtes und Dunkles zugleich ist, genauer gesagt, dass auch er selbst ein dynamisches Wechselspiel wirkender Kräfte darstellt, die nach höchster Wirksamkeit streben. Darauf aber kommt es nun an: Der Mensch hat immer das Lichte vor sich, es ist immer ein Streben nach dem Lichten in ihm. Die eben angeführte Stelle heisst wörtlich: «Die zehntausend Wesen haben Yin (das Dunkle) im Rücken, Yang (das Lichte) vor sich.» Nur das Dunkle treibt den Menschen zum Licht. Der Weg des Menschen geht zum Licht, nur wer sich umwendet, sich dem Dunklen ausliefert, wird vom Dunklen umklammert. Vier Arten von Menschen werden in der Welt gefunden, sagt Buddha: «Der vom Dunklen zum Dunklen Wandernde, der vom Dunklen zum Licht Wandernde, der vom Licht zum Dunklen Wandernde, und der vom Licht zum Licht Wandernde» (Samyutta-Nikāya III, 3, 1). Das Lichte verlässt keinen Wahrhaftigen, keinen, der sich dem wirkenden Leben offen hält. Wer stets das Beste ihm Mögliche tut oder sich zu tun bemüht, kann nie zugrunde gehen, wird «nie von des Lichtes Mächten verlassen» (28, 4). Alles aus dem Dunklen Aufstossende ist ein Stoss ins Licht dem, der sich wahrhaft läutert. Diese Gewissheit, dass schlechthin alles dem Wahrhaftigen zum Heile dient, gibt die Unerschütterbarkeit des Herzens, die die Voraussetzung zu aller Lebenssicherheit ist.

Damit aber sind wir schon mitten in dem zweiten Hinweis, den uns Lao-Tse gibt, um irrtumslos unsern Weg gehen zu können: «immer tiefer zu schauen», immer mehr in die grossen Lebenszusammenhänge hineinzusehen. Allerdings: «Sehen genügt nicht, um es zu schauen. Hören genügt nicht, es in sich aufzunehmen» (35, 5—6). Sehen kann man wollen, und man muss wirklich gründlich sehen wollen, nüchtern und wahrhaftig die Tatbestände erkennen wollen, ehrlich sich läutern, um der tieferen Lebensschau würdig zu werden. Eine Schau kann man nicht wollen, sie wird einem nur in dem Mass, in dem man innerlich wahrhaftig ist; sie ist eine Frucht echter Lebensreife. Darum wird auch nur der innerlich echte Mensch «des Letzten inne» (56, 4). Er auch nur erkennt, dass das Sehnen nach Lebenssicherheit nur Ausdruck der noch vorhandenen Lebensbangigkeit ist, Ausdruck des Noch-nicht-Geborgenseins. «Unruhig wie die Wogen des Meeres, so walle ich dahin. Mich wirbelt das Leben umher, als ob ich haltlos wäre», so sagt der lebenssichere Schöpfer des Tao-Te-King noch am Ende seines Lebens, still lächelnd über die so scheinbar sicher im Leben Stehenden und über die um ihre Lebenssicherheit Bangenden. Er, am Herzen der Weltenmutter ruhend, weiss, wie das Kind um das tiefste Geborgensein gerade im schaukelnden Wiegen. «Seele des Menschen, wie gleichst Du dem Wasser! Schicksal des Menschen, wie gleichst Du dem Wind!» (Goethe) Ein ständiges

Auf und Ab und Hin und Her ist das gewaltige Gewoge des Lebens, dem sich der Weise anvertraut, zu dem der Weise selbst wird, nur lebend um des Lebens willen.

Mit den Worten des 16. Kapitels wollen wir die «geistigen Grunderkenntnisse» abschliessen:

«Denn alles Lebendige ist dem Wechsel unterworfen:
  Es entfaltet sich
  und kehret zum Ursprung zurück.
Zurückkehren zum Ursprung,
  das heisst: stille werden,
  das heisst: heimkehren.
Heimkehr ist:
  Rückkehr ins Unvergängliche.
Wer dies erkennt, ist weise;
wer es nicht erkennt, stiftet Unheil.
Wer von der Unvergänglichkeit ergriffen wird,
  wird weitherzig.
Der Weitherzige ist duldsam.
Der Duldsame ist edel.
Der Edle erfüllt die ewigen Ordnungen.
Wer diese erfüllt,
  der gleicht dem Unergründlichen,
  der ist, wie dieses, unvergänglich.
Keinerlei Schicksal trifft ihn mehr!»

VII. Sittliche Grunderkenntnisse

1. Tao als Ausgangs- und Zielpunkt der Ethik

Lao-Tse gibt keine Fürsten- und Philosophenmoral, obwohl er viel vom Herrscher und vom Weisen spricht. In beiden ist nur das Idealbild des sittlichen Menschen zusammengefasst. Ein Weiser kann jeder werden; es ist nicht an Geburtsvorrechte, nicht an intellektuelle Fähigkeiten oder sonstige in der Oeffentlichkeit geschätzte Vorzüge gebunden, sondern allein an den lebensgesetzlichen Gehorsam. Die sittlichen Hinweise, die Lao-Tse gibt, sind daher nur Spiegelungen ewig gültiger Ordnungsnormen für den Bereich menschlichen Verhaltens. Wir finden daher bei ihm kein «du sollst» oder «du sollst nicht».

Der Streit darüber, ob die Werte vom «Leben» oder vom «Geist» her bestimmt werden sollen, scheint schon sehr alt zu sein. Lao-Tse stellt die beiden Parteien in seinem 20. Kapitel in seiner Weise einander gegenüber. Auf der einen Seite ist der vom «Leben» bestimmte Mensch der Masse, dem ein üppiges Mahl und eine Frühlingsnacht alles bedeuten, auf der anderen Seite der Mensch, der so ganz anders sein muss, der «geistige» Mensch, und doch ist dieser für Lao-Tse gerade derjenige, der sich wahrhaft vom Leben bestimmen lässt. Für Lao-Tse ist «Leben» nicht das triebhafte, auf sinnlichen Genuss erpichte, vegetierende Leben der Masse, und «Geist» nicht der vom Lebensgrund gelöste Intellekt, sondern für ihn ist Leben jene alles tragende und alles bestimmende, unmittelbar aus dem Weltengrund, aus Tao, aufsteigende Wirklichkeit, die sich im Geist des Menschen ihrer selbst bewusst wird. Das Leben des Weisen ist nicht ein Leben aus dem Geist, sondern ein Leben, da sich im Geist seines innersten Zielwillens bewusst wird. Dementsprechend ist ihm die sittliche Wahrheit keine «Idee», die sich über das Biologisch-Seelische erhebt, dieses abwertet oder gar als feindlich betrachtet, sondern sie ist das Höchste und Beste, was im Leben selbst wirksam ist, ist die Kristallisation des nach vollkommener Menschwerdung strebenden Zielwillens des Lebens. Lao-Tse baut also seine Ethik auf Tao als dem unergründlichen Grund des Lebens selbst auf. Weil dieser voller Dynamik ist, kann er auch kein ethisches System und keine für alle Zeiten gültige Kategorientafel der Tugenden geben. Erkennend, dass jede Tugend zur Untugend werden kann, dass auch der Bereich des Sittlichen der Dynamik des Lebens selbst unterworfen bleiben muss, dass das Leben in jedem Menschen und zu jeder Zeit sich die für die Weiterentwicklung notwendigen Tugenden selbst schaffen will, begnügt er sich nur, einige Leitlinien für den Bereich der Sittlichkeit aufzuzeigen. In seinem 38. Kapitel, einem der schönsten Abschnitte der philosophisch-ethischen Weltliteratur, umreisst er in knappen Worten das Stufenreich der Sittlichkeit.

2. Das Leben aus dem Tao und aus dem Te

Sittlichkeit in ihrer reinsten Form liegt vor, wenn der Mensch «in Tao wandelt» oder aber aus seinem Te heraus lebt. Sie ist ur-sprünglich, quillt in jedem Augenblick unmittelbar aus dem Innersten des Menschen, aus seinem religiösen Urgrund (Tao) oder aus seiner sittlichen Vernunft (Te), und wird sich ihres Tuns und ihres Wertes nicht bewusst.

Der Mensch wandelt dann in Tao, wenn er so selbstverständlich wie ein Kind «um des reinen Lebens willen» lebt, nicht um seinetwillen, nicht um einer Gemeinschaft oder Idee willen, sondern so, dass die Bewusstheit seines Handelns in die Unbewusstheit schöner Selbstverständlichkeit eingeht. Sein Wandel ist in Tao, wenn er sich seines Besondersseins im All, seiner Individualität und seiner Persönlichkeit kaum mehr bewusst ist, wenn er in jedem Augenblick dem Besten, was in ihm wirkt, Raum gibt. Der in Tao Wandelnde weiss nichts von Tugend, so wenig wie der Säugling etwas von Gehorsam weiss und doch in allen Augenblicken den Werdegesetzen des Lebens gehorsam ist. Er findet seine Vollkommenheit im Mangel (15, 13), erfährt in seiner Einfügung in Tao den Segen desselben (23, 9), weiss um seine Würde, Träger Taos zu sein (24, 8), weiss, dass es auch in der Menschenführung allein auf die innere Mächtigkeit ankommt (vgl. 30, 1), dass das ganze Leben von einer unendlichen «inneren» Gerechtigkeit bestimmt wird (ebda); er wird immer bescheidener (48, 2), immer herzensgehorsamer (53, 1) und vermag der Gemeinschaft immer mehr aus seiner innern Fülle zu geben (77, 4). Wie das Unergründliche sich immer ohne Gewalt durchsetzt, ohne Befehl gebietet, ohne Drängen lockt, absichtslos und doch zugleich zielbewusst wirkt (73, 6—10), so versucht der Weise gerade dann, wenn er einmal über sein Tun im Zweifel ist, nach des Himmels Art zu wirken.

Wenn Lao-Tse neben diesem Wandel in Tao oder aus dem Tao auch gesondert von einem Wandel aus dem Te spricht, so ist damit kein besonderer Unterschied gemeint. Praktisch ist beidemale das absichtslose, selbstlose Wirken aus dem innersten Muss gemeint, das eine Mal von einer religiösen Grundhaltung aus, also aus der tiefsten seelischen Schicht heraus, das andere Mal — wenn wir nur zum Zweck der begrifflichen Differenzierung den Unterschied machen wollen — von der sittlichen Grundhaltung aus. Ein Leben aus dem Te ist, kantisch gesehen, ein Leben nach dem «moralischen Gesetz in uns»; es meint den Gehorsam gegenüber der höchsten sittlichen (inneren) Vernunft, die, wie wir erkannten, und wie es auch die indischen und griechischen Philosophen weitgehend zeigen, immer mit der Weltvernunft übereinstimmt. Wir könnten diesen Gehorsam auch als den Gewissensgehorsam bezeichnen, soweit das Gewissen den Anforderungen der immanenten Weltvernunft entspricht.

Lao-Tse sagt in 38, 1: «Wer ganz in Te wandelt, ist sich des Te nicht bewusst; darum ist er in Te», und in 38, 3: «Ganz in Te sein ist: Nichterstreben und Nichtwollen der Tat.» Freier wiedergegeben ist folgendes gemeint: Wer ganz aus dem Innersten seiner Seele lebt, wer sich ganz der innersten Führungskraft anvertraut, wer der höchsten sittlichen Vernunft lebt, der lebt nicht eigenwillig nach irgendwelchen

Ideen und Vorstellungen, fragt nicht, woher diese Führungskräfte kommen, sondern vertraut sich ihnen an; darum kann sein Leben auch voller Ursprünglichkeit und Kraft sein, können die aus dem Selbst kommenden Kräfte wirken. Ein solcher Mensch wird sich seines Tuns nicht bewusst, will nichts für sich und will vor allem nicht eigenwillig wirken.

Dass Lao-Tse keinen wesentlichen Unterschied zwischen dem Wandel aus dem Tao und dem aus dem Te sieht, hat seine Ursache darin, dass das Te der mit dem Zielwillen des Alls übereinstimmende Zielwille in den Einzelwesenheiten ist. Er bringt damit eindeutig zum Ausdruck, dass der seinem innersten Wesen treubleibende Mensch sich in jedem Falle in Uebereinstimmung mit dem Allwillen befindet. Damit aber legt er in den Menschen eine grosse Sicherheit. Dass dennoch Zweifel nicht ausbleiben, ob dieser oder jener Weg richtig ist, beweisen die Kapitel 73—79, insbesondere ersteres. Lao-Tse zeigt jedoch zugleich in diesen Kapiteln den Weg zur Ueberwindung aller Zweifel, indem sich eben der Mensch im Zweifelsfall an Tao selbst, an der Wirkungsweise des Weltgesetzes orientiert. Das Te ist, um ein Bild zu gebrauchen, die kleine Plattform, von der aus der Mensch sich über sein Tun im Alltag unterrichten kann. Genügt diese Sicht im Zweifelsfall einmal nicht, so muss er sich auf die höhere Warte begeben, sich an Tao orientieren; anders gesagt: reichen die sittlichen Wertmaßstäbe nicht aus oder versagen sie, weil das Leben etwas wirkt, was einfach nicht mit den bisherigen Maßstäben gewertet werden kann, so muss der Mensch seine Entscheidung aus dem religiösen Urgrund heraus treffen; er muss mit seinem Te in Tao eingehen, muss mit seiner ganzen Persönlichkeit in den Lebensgrund selbst hinuntersteigen (das Religiöse ist immer zugleich die höchste Warte und der tiefste Grund!). Immer wird dann der Mensch zu der Erkenntnis kommen, dass im Zweifelsfall stets jene Entscheidung richtig ist, die mit einer ganzen Hintanstellung alles Persönlichen verbunden ist, die reine Selbstlosigkeit fordert, die der Forderung nichtwirkenden Wirkens am meisten entspricht. Eine solche bewusste Orientierung des Tuns gleicht zwar nicht der unbewussten Ursprünglichkeit kindlichen Lebens, aber sie kommt ihr in der praktischen Wirksamkeit gleich, da sie letztem Gehorsam entspringt.

3. Sittlichkeit und Moral

Die folgenden Stufen sittlichen Handelns gründen nicht mehr im religiösen oder sittlichen Urgrund des Menschen, erheben sich nicht mehr unmittelbar über dem innersten Zentralbereich der Seele, sondern über irgend einem der Teilbereiche. Es sind nicht mehr r e i n e Selbstbestimmungsprozesse der Seele, sondern Prozesse, die aus den Scheinzentren irgendwelcher Triebschichten oder irgendwelcher seelischer Teilbereiche bzw. gar aus dem Intellekt stammen. Der Mensch gehorcht also nicht mehr seinen innersten Führungskräften unmittelbar, sondern ordnet sein Leben nach einem Scheinwert, und zwar nach dem Wert, den er glaubt als den höchsten annehmen zu müssen. Dieser Wert wird ihm dann zur höchsten Tugend, alle anderen sittlichen Werte folgen, je nach ihrer Bezogenheit auf diesen höchsten Wert hin, rangmässig. Jede Religion, jede Nation, jede Gemeinschaft, ja jeder Einzelne haben darum in dem Augenblick, in dem sie nicht mehr aus der Ursprünglichkeit des Lebens selbst heraus wirken, ihre eigenen Wertetafeln, ihre eigenen Tugendreihen (vgl. 18, 1). Tugenden als besondere sittliche Werte gibt es erst, wenn das Sittlichseinmüssen als eine besondere Pflicht empfunden wird. Um den Unterschied zwischen den höchsten Formen der Sittlichkeit — der unmittelbar aus dem religiösen oder sittlichen Urgrund aufsteigenden, «ursprünglich quellenden», «tugendlosen» Sittlichkeit — und ihren niederen Formen — an bestimmte Werte bzw. Scheinwerte gebundenen und in seelischen Teilbereichen wurzelnden Sittlichkeit — klar festzuhalten, wollen wir im folgenden nur erstere als Sittlichkeit, letztere aber als Moral bezeichnen.

Lao-Tse unterscheidet nun drei Moralbereiche. Er spricht von einer Liebesmoral, von einer Rechtsmoral und von einer öffentlichen Moral. Den Menschen, die auf diesen Moralstufen leben, ist also das Verwurzeltsein in der Ganzheit des Lebens schon abhanden gekommen. Auch sie wollen natürlich sittlich leben und handeln, erstreben das Gute und Rechte; aber sie sind nicht mehr eines unmittelbaren Lebens aus dem Urgrund fähig. Sie folgen eigenen Wertsetzungen und Ideen, u. U. höchsten und edelsten Werten, erkennen aber nicht, dass mit jeder bewussten Setzung eines Wertes oder gar eines höchsten Wertes die Loslösung des Geistes vom Lebensgrund beginnt, und dass alle Werte die Neigung haben, in den Teilbereichen zu verharren, aus denen sie entstanden. Die im sozialen Trieb des Menschen wurzelnde Liebe und die im Ordnungsgefühl bzw. dem Rechtsbewusstsein wurzelnde Gerechtigkeit vermögen keineswegs die Gesamtbereiche des Lebens mehr zu erfassen; darum versagt jede Liebesethik in der Praxis ebenso wie jede auf der Gerechtigkeit aufgebaute Ethik. Die Menschen dieser Moralstufen glauben wahrhaft, die Liebe sei das höchste Gesetz, das Te, oder die Gerechtigkeit sei Ausdruck des Te, sie erkennen aber nicht, dass sie selbst dem Te eine durchaus eigenwillige Prägung gegeben haben. Dieses Te, mit bester Absicht, aber durchaus eigenwillig, menschlich und nicht kosmisch geprägt, nennt Lao-Tse das erniedrigte, oder wie wir auch sagen könnten, das ichhafte Te. Von ihm sagt er nun in 38, 2 und 4: «Wer Te niedrig fasst, wünscht in seinem Te das Te zu haben, darum hat er das Te nicht. Wer Te erniedrigt, erstrebt die Tat und hat Absichten.» Verständlicher gefasst, meint dies Wort: Wer anstelle der in ihm wirkenden höchsten Vernunft glaubt, eine bestimmte Tugend als höchsten Wert setzen zu müssen, glaubt zwar im Sinn der höchsten Vernunft zu handeln; weil diese eigenwillige Selbstsetzung eines höchsten Wertes aber der Dynamik des wirkenden Lebens widerspricht, beweist er eben damit, dass die höchste innere Vernunft in ihm nicht wirksam sein kann; seine Ethik muss versagen, weil er die Welt nach seinen ethischen Vorstellungen formen will, weil er eigenwillige Absichten und Ziele verfolgt. Auch das edelste moralische Wollen ist ichhaftes Wollen, wenn es den Menschen aus dem Bereich des Lebens, das sich selbst ordnen will, löst.

Wir fassen 38, 1—4 zusammen: Vers 1 und 3 sprechen vom sittlichen Menschen, der dem eigentlichen, dem hohen Te folgt, Vers 2 und 4 vom moralischen Menschen, der mit der eigenwilligen Festlegung eines höchsten Wertes für seine

Ethik zwar glaubt, im Sinn des hohen Te zu handeln, aber eine subjektive Auffassung von ihm hat; sein sich selbst gegebenes Te erniedrigt das hohe Te, ist ein erniedrigtes Te. «1. Wer aus dem Allgrund seiner Seele (dem hohen Te) lebt, wird sich dessen nicht bewusst; darum quellen die innersten Kräfte (das hohe Te) unmittelbar aus ihm. 2. Wer aus einem Teilbereich seiner Seele lebt (Te erniedrigt), möchte zwar von innen her (vom hohen Te aus) wirken, kann es aber nicht; die innersten Kräfte quellen nicht aus ihm. 3. Wer aus dem Allgrund seiner Seele lebt, wird sich seines Tuns nicht bewusst; er kennt kein Eigenwirken. 4. Wer aus einem Teilbereich seiner Seele lebt, handelt ichhaft, er fragt stets nach Sinn und Zweck.»

Nach dieser Klärung der sittlichen und moralischen Bereiche, betrachten wir die drei grossen Bereiche des Moralischen.

4. Die Liebesmoral

Die Liebesmoral stellt im Stufenreich der Moral die oberste Stufe dar. Lao-Tse kennzeichnet sie damit, dass die Liebe zwar zum Handeln drängt und damit dem obersten Gesetz des Nichtwirkens widerspricht, aber keine eigene Absichten hat, also im Sinne Taos bzw. Tes ist: «Liebe drängt zwar zum Handeln, aber sucht nichts für sich» (38, 5). Insofern gleicht sie noch am ehesten dem herzgewirkten Tun einer aus dem Ursprung unmittelbar quellenden Sittlichkeit.

Der Begriff Liebe hat im Chinesischen nicht die warmherzige Intensität, wie er es seinem Inhalt nach im Abendland hat; er enthält weitgehend auch das, was wir mit Güte, Milde, Mitempfinden, Anhänglichkeit bezeichnen; der chinesische Begriff Jen, von jen, d. h. Mensch, kommend, der mit Liebe wiedergegeben wird, entspricht unserem Wort Menschlichkeit. Mong-Dsi (372—289 v. Chr.) kennzeichnet (in VII B 16) die geistige Situation des Wortes besonders schön; er sagt: «Liebe (bzw. Menschlichkeit) ist das Wesen des Menschen. Beides zusammen heisst Tao», d. h. der Mensch, der immer menschlich handelt, der von Liebe durchdrungen ist, befindet sich auf dem rechten Weg, der wandelt in Tao. Es ist der Mensch, der wie Lao-Tse sagt: «nichts für sich sucht», der mit all seinem Tun keine Absichten verbindet. Aber nach Lao-Tse muss deutlich unterschieden werden, ob es sich um eine «gewollte» Liebe handelt, um die bewusste Erhebung der Wesensart des Menschen zur obersten Tugend, oder aber um die aus schöner Selbstverständlichkeit unmittelbar aufsteigende Liebe; diese ist sittlich, jene moralisch. Auf welchen Tatbestand will Lao-Tse mit dieser begrifflichen Unterscheidung hinweisen?

Von allen Trieben des Menschen ist der Trieb zum Du und zum Wir, wurzelnd im Geschlechtstrieb, derjenige, der zu besonders schöner und allumfassender Entfaltung fähig ist. Die Erfahrung aber zeigt, dass der Liebende in der Regel nur das geliebte Du oder die liebenswerte Gemeinschaft sieht, nicht mehr. Er liebt nur, was er lieben will, also nach sehr subjektiven und recht eigenwilligen Gesichtspunkten; Liebe erscheint immer mit irgendwelchen persönlichen Absichten verbunden zu sein. Selbst wenn nun der Mensch alle Menschen lieben würde — und der chinesische Begriff für Liebe im Sinn unserer Menschlichkeit beschränkt sich seinem Umfang nach auf den Bereich des Menschen —, würde er ja vom Gesamtkosmos nur einen kleinen Teilbereich erfassen. Er wüsste z. B. nichts von dem grossen Tat tvam asi, dem grossen «Das bist Du» der indoarischen Weisen, der Liebe auch zu den Pflanzen und Tieren, wüsste nichts von der Einheit des Organischen und Anorganischen, von der Einheit von Mikro- und Makrokosmos. Jetzt erst verstehen wir auch 5, 1—2 ganz: «Das All kennt keine Liebe (denn diese beschränkt sich ja als Menschlichkeit nur auf den menschlichen Bereich), es schreitet über alles hinweg (also auch über das Menschliche); auch der Weise kennt keine Liebe, wie Menschen sie kennen, natürliche Bande verpflichten ihn nicht», d. h. er muss über Familie, Sippe, Volk und Menschheit hinausgehen, er ist den aussermenschlichen Wirklichkeiten des Kosmos ebenso «liebend» aufgeschlossen und erkennt, dass vom ganzen Kosmos aus gesehen, der menschliche Bereich nur ein verschwindend geringer Teilbereich ist. Zu glauben, dass der Mensch seine sittlich-religiöse Aufgabe erfülle, wenn er sich auf den menschlichen Bereich beschränke und die Menschlichkeit zur obersten Tugend mache, das genügt Lao-Tse nicht. Er weiss von den k o s m i s c h e n Kräften des Te, weiss von der absichtslosen Wu-Wei-Liebe, die aus voller Selbstentäusserung kommt und sich gleichermassen auf Menschen, Pflanzen, Tiere, Wasser, Winde, Berge, Täler, Sonne, Mond und Sterne erstrecken will, weiss von H'üan-tung, der unmittelbaren Vereinigung im Weltenurgrund mit allem Seienden und Nichtseienden. Der Liebende sieht, soweit er sich von humanen und sozialen Erwägungen leiten lässt, im Grunde nur sich und den menschlichen Bereich, nicht jene Möglichkeit innerer Verbundenheit, die weit über diesen hinausführt; er ist daher auch nicht der Vollmensch im Sinne Lao-Tses. Liebe ist zwar die grosse goldene Brücke, die den Menschen aus seiner ichhaften Isolierung führt, ist ein erster, notwendiger, schöner Weg zur Ganzheit des Lebens, und daher ist von allen Moralsystemen das der Liebe das höchste, weil es eben den Menschen zur Selbstlosigkeit führt; aber es ist nicht der letzte Weg, der Tao-Weg. Auf dem Weg bloss moralischer Liebe überwindet der Mensch nicht die Gefahr jeder Liebe, sich auf den Kreis zu beschränken, den man lieben zu können glaubt.

Das Christentum hat die Liebe zur obersten Tugend erhoben. Seine Liebesethik aber musste in der Praxis scheitern, weil man Liebe nicht gebieten kann; sie ist eine Frucht echter menschlicher Reife, eine Frucht der selbstlosen Hingabe. Sie musste aber auch scheitern, weil sie auf einer Verkennung der Lebenswirklichkeiten, in denen der Mensch steht, und auf einer einseitigen Sicht über das Wesen des Menschen und das Wesen der Welt beruht. Der Mensch ist nicht nur ein soziales und religiöses Wesen, sondern steht auch in wissenschaftlichen, technischen, wirtschaftlichen, politischen, künstlerischen und vielen anderen Bereichen, die andere Ordnungsprinzipien erfordern als das der Liebe, ganz abgesehen von den Konflikten, die die Forderung der Liebe selbst auslöst (Liebe zum Feind? zum Andersgläubigen? zum Tier? zu irgend einer Sache?). Die christliche Liebesethik scheiterte in der Praxis aber auch, weil sie zweckgekoppelt war: es sollte um Gottes, um Christi, um der Kirche, um der Mission, um der Gerechtigkeit und um vieles anderen willen geliebt werden; alles dieses nahm ihr die Kraft echter Erlösung und wirklicher

Befreiung. Wie religiös gefährlich es aber ist, Gott selbst als die Liebe zu bezeichnen, erahnt vielleicht erst unsere Zeit der Weltkriege zwischen den christlichen Völkern. Dennoch bleibt die Liebe die höchstmögliche moralische Tugend, da sie in jedem Fall den Menschen aus seiner Ichhaftigkeit herausführt und die einzige Tugend ist, die sich auch von ihrer Tugendhaftigkeit zu lösen vermag.

5. Die Rechtsmoral

«Gerechtigkeit drängt auch zum Tun» — wie die Liebe — «fordert aber Geltung» (38, 6); so kennzeichnet Lao-Tse die zweite moralische Stufe.

Die sittliche Vernunft fordert Gerechtigkeit. Der um Gerechtigkeit ringende Mensch will bewusst das Rechte; Gerechtigkeit wird ihm daher zum höchsten sittlichen Wert. Liebe schenkt sich, man kann sie nicht fordern; sie kennt keinen Zwang, jedes «du sollst» verhallt in ihrem Raum. Gerechtigkeit aber fordert; sie muss gegebenenfalls das Rechte erzwingen. Liebe kennt kein Gebot; Gerechtigkeit muss in allen Lebensbereichen genau festlegen, was als Recht gelten soll; sie bedarf eines Rechtssystems als Norm. Sie geht von der Auffassung aus, als ob Gesetze und Gebote notwendig wären, um das menschliche Leben sicherzustellen. Das beweist, dass sie kein unmittelbares Vertrauen mehr zum Menschen und zum selbstwirkenden und selbstordnenden Leben hat. Sie engt das Leben durch hundert und aberhundert Gebote und Verbötchen ein. Während noch jedermann wenigstens im allgemeinen weiss, was mit Liebe oder Menschlichkeit gemeint ist, und dass sich diese auf die ganze Menschheit erstrecken sollen, kann kein Mensch auch nur von ferne ahnen, wie ein für alle Menschen, alle Völker und alle Verhältnisse gültiges Recht aussehen soll. Alle Versuche, ein allgemein verbindliches Recht aufzustellen, müssen scheitern. Jedes Rechtssystem bleibt zeitgebunden, volksgebunden, staatsgebunden, und jede Rechtsauslegung bleibt von politischen, weltanschaulichen und religiösen Einstellungen und Bewertungen abhängig; jedes Recht ist die Quelle sittlichen Unrechts. Krisenzeiten sind daher immer auch zugleich Zeiten der Rechtskrisen. Es kann kein unabhängiges Recht im höchsten Sinn geben. Das Recht will zwar in Uebereinstimmung mit dem Leben sein, will Naturrecht sein, vermag es aber nicht, weil es aus einer intellektuellen Festlegung, aus mangelndem Vertrauen in das Leben und in den Menschen entsprang. Das Leben ist in ewigem Fluss, das Recht ist starr.

Lao-Tse zeigt es am Beispiel der Todesstrafe: «Manchmal mag es gut sein, einen Menschen zu töten, ein andermal ihn leben zu lassen. Wer wagt es zu wissen, welches Urteil von Tao anerkannt wird? Der Weise weiss es nicht» (73, 3—5). Wenn der Weise schon kein sicheres Wissen haben kann, wenn nach ihm eine grundsätzliche Entscheidung darüber nicht gegeben werden kann, wer sollte es dann wissen? Besteht aber ein Recht, muss auch ein Urteil gefällt werden; Urteile sind zwangsläufig. Der Rechtsprechende aber muss sich auf den «Fall» beschränken, muss ihn aus der Ganzheit des Lebens herauslösen, muss juristisch abstrahieren, und selbst, wenn er mit bestem Wissen und Gewissen den von ihm erfassbaren Lebenszusammenhängen Rechnung trägt, wird er sich der Bedingtheit seiner Rechtsprechung umso bewusster werden, je tiefer er als Mensch selbst von der Ganzheit des Lebens ergriffen ist.

So ist für Lao-Tse das Leben aus der Gerechtigkeit eine niederere sittliche Stufe; die Rechtsmoral steht schon weit unter der Liebesmoral; immerhin sagt er: «Wer nicht liebend zu leben vermag, der handle wenigstens gerecht!» (38, 10). Die Kraft zu einem Leben der Liebe haben wenige; darum ist es für den Menschen gut, sich in eine Rechtsordnung einzufügen. Wer sich selbst seines inneren Gesetzes nicht bewusst ist, bedarf eines äusseren Gesetzes. Wer nicht auf sein Inneres, auf die Stimme der sittlichen Vernunft zu hören vermag, der muss gehorchen lernen. Sittliche Gebote und Verbote sind darum notwendig, bleiben allerdings ein Uebel. Lao-Tse warnt daher auch den Staatsmann eindringlich, in Verboten das Heil der Staatsführung zu sehen: «Ein Volk wird arm, wenn Verbote Worte und Handlungen bestimmen» (57, 5); «Räuber und Diebe wird es geben, wenn man mit Gesetzen und Befehlen glaubt Ordnung schaffen zu müssen» (57, 8); denn Gebote und Verbote reizen zur Uebertretung. «Eine Verwaltung, die alles bestimmen will, macht das Volk schlecht» (58, 2).

Auch für den Bereich der Gerechtigkeit gilt: «Ordnung verkehrt sich in Unordnung» (58, 4), Recht in Unrecht, Unrecht in Recht. Weil selbst das bestgemeinte Rechtssystem zum Fluch für eine Gemeinschaft werden kann, bemüht sich Lao-Tse, den Menschen zu dem innersten Gesetz zu führen; denn nie vermögen die Ordnungskräfte des wirkenden Selbstes wider den Geist der Weltordnung zu verstossen, selbst wenn der Mensch sich in Gehorsam wider sie gegen eine bestehende staatliche Rechtsordnung erheben müsste. «Der echte Mensch folgt seinem innersten Gesetz und keinem äusseren Gebot; er hält sich an den Quell und nicht an die Abwässer; er meidet diese und sucht immer das Ursprüngliche» (38, 14).

6. Die öffentliche Moral

Das immer weitere Absinken der Moral wird mit dieser Stufe besonders deutlich. Wer nicht aus Liebe zu handeln vermag und sich auch nicht von den allgemeinen sittlichen Geboten des Rechts und der Gerechtigkeit bestimmen lässt, der möge sich wenigstens vom Brauchtum und der allgemeinen Sitte jener Gemeinschaft bestimmen lassen, in der er lebt. In der öffentlichen Moral zeigen sich, wenn oft auch in übler Verzerrung, wenigstens noch bestimmte Ordnungselemente.

Das Grundgesetz der öffentlichen Moral heisst nach Lao-Tse wirken und handeln: Es muss in jedem Fall irgend etwas geschehen; das gilt vom einzelnen wie für die Gemeinschaft. Jedes versucht seine eigenwilligen Interessen zur Geltung zu bringen und die öffentliche Moral entscheidet dann, inwieweit der einzelne seinen persönlichen Interessen und Neigungen nachgehen darf. Wehe dem, der es wagt, wider die öffentliche Meinung, wider die allgemein geltenden Sitten zu handeln! Wer sich der öffentlichen Meinung verschreibt, ist allen ihren Launen ausgesetzt; sie schreit heute «Hosianna!», morgen: «Kreuziget ihn!». «Wenn man ihr nicht folgt» — sagt Lao-Tse in 38,7 sehr anschaulich: «so fuchtelt sie mit den Armen und zieht einen gewaltsam herbei»; man wird ihr ausgeliefert. Es gibt keine grössere Tyrannin auf sittlichem und religiösem Gebiete als die öffentliche Meinung, als die geltende öffentliche Moral. Sie wendet sich am ingrimmigsten lichkeit, d... Menschen in ihrem innersten Menschsein zu erfassen und bis zu ihrem Herzen vorzustossen. Weil in seinem Herzen kein Raum bleibt, den er für sich selbst beansprucht, kann er alle anderen in sein Herz aufnehmen. Weil er kein selbstsüchtiges Herz hat, «kann er unvoreingenommen die Herzen der andern in sich aufnehmen» (49, 1). Weil er um seine Aufgabe weiss, zu einigen, «hält er sich frei von Zuneigung und Abneigung, fragt nicht nach Gewinn oder Verlust, steht über der Ehre und der Schande» (56, 5). Er bleibt zufrieden und daher immer Frieden (46,6) und man wird mit ihm auch [zufrie]den sein (44, 6); er kennt seine Grenzen und kommt n[icht i]n Gefahr (44, 7), zersplittert sich nicht, weil er immer nur [tut,] immer nur das jeweils Notwendige, und dieses in vern[ünftiger] Weise tut (9, 1—3); er kann warten, bis alles ausreift (...) [er] verliert daher auch nicht seine innere und äussere E[inig]keit (44, 8; 59, 8). So knospen und blühen die Tug[enden] des Weisen am Baum seines Lebens und bringen vielfältige und echte Frucht. Er wurzelt im Mutterboden dienender [B]ereitschaft und seine Aeste reichen in die Wunschlosigkeit [des] grossen Schweigens. So verwirklicht er des Himmels Art, [kei]ne je zu schaden und zu verletzen, wie es im letzten Vers d[es T]ao-Te-King heisst.

8. Die sittliche Tr[ag]kraft

Im alten China ga[lt d]er Kaiser als der Sohn des Himmels und zugleich als der w[ürd]igste der Menschen. Daher konnte er auch der grosse M[ittl]er zwischen dem Himmel und der Erde sein. Daher durfte [er] die grossen Opfer darbringen: Lao-Tse zitiert einen alten W[ei]sen: «Wer bei den Erdopfern den Staub des Landes auf sich [nim]mt, der ist der Herr des Erdaltars. Wer des Reiches Schuld [und] Unglück auf sich nimmt, der ist des Reiches Herr» (78, 3[).]

Diese kaiserlichen u[nd p]riesterlichen Funktionen (der Kaiser war im priesterlosen [Chin]a zugleich der Priester) sind für Lao-Tse zugleich das Sinn[bild f]ür die sittliche und religiöse Pflicht des Weisen, alles Ur[echte,] alle Schuld der Gemeinschaft auf sich zu nehmen, weil [er de]n die sittliche und religiöse Tragkraft dazu hat. Solche [Fäh]igkeiten sind allerdings «unange-

191

nehme Wahrheiten», wie er in 78, 5 hinzufügt. Für das Aufsichladen fremder Schuld hat die öffentliche Meinung kein Verständnis, sie betrachtet es als dumm und närrisch. Es widerspricht aber auch dem Rechtsempfinden und damit jedem moralischen Rechtssystem, das den Schuldigen suchen und bestrafen muss. Der Liebende ist vielleicht dazu fähig, die Schuld auf sich zu nehmen, um dem andern zu helfen; doch nur, wer fähig ist, sich selbstverständlich unter alles zu beugen und sich aufzuopfern, erfährt die Wahrheit des Wortes: «Wer das Schwere willig auf sich nimmt, meistert auch das weniger Schwere» (26, 1). Der Mensch ist tragfähiger, als er glaubt. Wer seiner inneren Tragfähigkeit vertraut, wird nie unter der Last des Schicksals zusammenbrechen. Kein fanatischer Tugendwille zwingt den Weisen, die Schuld der andern auf sich zu nehmen; sie legt sich von selbst auf ihn; denn das wirkende Leben gibt jedem zu tragen, was er zu tragen vermag. Der Weise wird dadurch nicht ein sittlicher Held oder Erlöser; er bleibt, was er ist: ein einfacher, bescheiden dienender Mensch. Nie fragt der Weise nach den letzten ursächlichen Zusammenhängen, wie es zu solcher Schuld der Gemeinschaft kam, so sehr er sich auch bemüht, das zu erfassen, was er erfassen kann; denn er weiss, dass er die letzten Zusammenhänge nicht erkennt.

So ist auch Sünde für ihn kein Problem, auch die Sühnung nicht. Die selbstordnende Kraft des Lebens vollzieht jedes Gericht. «Tao ist wie ein Netz, weitmaschig zwar, doch nichts durchlassend» (73, 11). Welch tiefe Weisheit, welches Vertrauen in die selbstwirkenden Kräfte des Lebens und welches Wissen um die allem Sein innewohnende Gerechtigkeit spricht aus diesem Bild. Keine Spur von Bekehrungs- und Erlösungswillen, keinerlei richterliches Anmassen in sittlichen und religiösen Dingen finden wir bei ihm. «Wer sich selbst zum Richter über Leben und Tod macht, der gleicht einem, der, an Stelle des Zimmermeisters die Axt benutzend, sich nur gar zu leicht selbst in die Hand haut» (74, 4). Auf sittlich-religiösem Gebiet hat jeder für sich selbst so viel zu tun, dass er sich nicht zum Richter über andere zu erheben braucht; er kann ruhig das Gericht den wirkenden Lebensmächten selbst überlassen.

9. Vom Reich des Guten und vom offenen Leben

Nach Süe Hui, dem wohl besten chinesischen Kommentator des Tao-Te-King, ist das Gute für Lao-Tse «der Gipfel des Schönen» und wie Richard Wilhelm hinzufügt, kann es zugleich als das «Tüchtige» betrachtet werden. Das ist ein wertvoller Hinweis für die innere Einheit und ganzheitliche Geschlossenheit aller sittlichen Werte bei Lao-Tse. Das Reich des Guten reicht von der hingebenden, schlichten Erfüllung der kleinsten Alltagspflichten bis zu den traumverlorenen Gipfeln reiner Schönheit. Und doch ist es kein «Reich», das neben anderen Reichen, etwa dem der Liebe oder des Glaubens steht; denn alle «Reiche» sind nichts als Begrenzungen der betrachtenden Vernunft. So wie das All keine Liebe kennt (5, 1—2), kennt es auch kein Reich des Guten oder Bösen, des Glaubens oder irgendwelcher religiöser oder sittlicher Werte; sie alle entsprechen nur dem Erkenntnisbedürfnis des Menschen, sind intellektuelle Abstraktionen aus dem Gesamtbereich aller irrationalen Wirklichkeiten.

Als die Pharisäer Jesus mit «guter Meister» anredeten (Matth. 19, 17), entgegnete dieser: «Was heissest Du mich gut? Niemand ist gut denn der einige Gott», wissend, dass das Gutsein eben keine Einzeleigenschaft ist. Meister Eckehart aber geht noch weiter — durchaus im Sinn Lao-Tses —, wenn er sagt: «Wer behauptet, Gott sei gut, der täte ihm ebenso unrecht, als wenn er die Sonne schwarz nännte», denn das Unergründliche ist eigenschaftslos. Und auf die Frage, was gut sei, antwortet Eckehart: «wer sich andern mitteilend und förderlich erweist», wer sich also mit seinem ganzen Wesen dem andern schenkt und ihn dadurch fördert. Es kommt also auf keine Einzeltugend an, sondern auf das Wirken aus der Einheit und Geschlossenheit des ganzen Wesens. Wir können das, was Lao-Tse mit seiner Lehre der tugendlosen Tugend meint, nicht besser wiedergeben als mit den Worten Meister Eckeharts: «Das Höchste, wozu es der Geist bringen kann in diesem Leibe, ist, dass er wohne in einem Zustand o b e r h a l b der Notdurft a l l e r T u g e n d e n, w o d e r S e e l e a l l e s G u t e s o z u r N a t u r g e w o r d e n i s t, dass sie die einzelne Tugend nicht jeweils erst mit einem Anlauf nehmen muss, sondern wo sie alle, auch ungeübt, im voraus aus ihr leuchten, wo **die Tugend zu ihrem Wesensbestand gehört**» (im Traktat: «Von zwei Wegen»). Es ist nicht Lao-Tses Art, grosse Probleme aufzuwerfen, sondern den Menschen schweigend bei der Hand zu nehmen und ihn zu sich selbst zu führen. Wohl weiss er, dass Gutes und Böses in ihm ist, aber er kämpft nicht wider das Böse, sondern stellt sich schlicht auf die Seite des Guten, ist «gut zu den Guten und gut zu den Nichtguten». Er führt den Menschen in sein Eigentlichstes, in die Herzkammern innersten Menschseins und erschliesst ihnen so das Geheimnis des Lebens, wunschlos und stille zu werden. Die wunschlose Stille aber macht «unüberwindlich» (67, 7).

Diese Lebensanschauung Lao-Tses kennt keinen sittlichen Ehrgeiz und kümmert sich nicht um den kulturellen Fortschritt. Sie will nicht beeinflussen, nur den Menschen still umgeben. Lao-Tse will nicht erlösen, will nicht einmal helfen, will nur da sein; er verdammt und wertet nicht, er lockt nur das innerste Leben an das Licht. Darum wurde er zu einem der ganz Grossen der Menschheitsgeschichte, von dem man mit den Worten Buddhas sagen kann: Er ist ein Wanderer vom Licht zum Licht gewesen.

Licht öffnet alles Lebendige. Wer sich öffnet, in den fällt das Licht. Darum war Lao-Tse allem und allen geöffnet, was und wer auf ihn zukommt (vgl. 2, 11). Der lebensoffene Mensch verschliesst sich keinem Schicksal, keinem Leid, keinem Unglück, aber auch keiner Regung des Schöpferwillens, keinem Hauch, der aus der Unendlichkeit kommt. Er weiss um das Geheimnis des «offenen Lebens», um die «ewig ununterbrochene Hochzeit im Aether», um den «Eros kosmogonos». Er weiss, dass «im offenen Leben keine Religion ist; denn das Leben als solches ist die religiöse Tatsache». Besser als mit diesen Worten Alfred Schulers über das offene Leben kann die Auffassung Lao-Tses vom Wandel in Tao nicht gekennzeichnet werden. «Alle leben im All ... das Gefühl der Freiheit ist nichts anderes als das Gefühl des Einsseins mit der Schrankenlosigkeit des Universums. Dass jeder das Ganze ist, ist das Gefühl der Solidarität ... Im offenen Leben ist kein

Besitz, kein Eigentum, da der Besitz der Leuchte allen gemeinsam ist... Es ist der grosse Feiertag des Lebens, und wo Fest, Feier, Glück ist, da ist auch das offene Leben nah» (Schuler), da lebt man «am Herzen der Weltenmutter» (20, 17). Tao ist das offene Leben; nur im offenen Leben, im ganzen inneren Aufgeschlossensein allen Kräften des wirkenden Lebens gegenüber, ist die volle Erfüllung; nur im offenen Leben vollendet sich das Sonnenmenschentum.

Das chinesische Schriftzeichen für den Weisen enthält zwischen dem Zeichen für Himmel und Erde zwei Sonnen, die eine ist die Sonne des Alls, die andere die Sonne des Herzens. Der Weise ist die zweite Sonne auf Erden. Der gelehrte Beiname Lao-Tses war, wie wir hörten, «Graf S o n n e». Sein Sonnenmenschentum strahlte zu seiner Zeit kaum merkbar, strahlte seinem Land immer mehr und wird seine Strahlkraft in der Welt noch erweisen — wenn auch vielleicht ebensowenig beachtet wie die Sonne des Alls.

10. Das Vorbild des Herrschers

Auch für den Herrscher gelten, wie wir eingangs zu unserem VII. Hauptabschnitt sagten, keine anderen Grundsätze wie für den Weisen oder irgend einen anderen Menschen. Auch er muss «die ewigen Ordnungen erfüllen» (16, 10). So wie Ströme und Seen die Täler beherrschen, weil sie deren Grund einnehmen, so ist auch das «Wirken aus dem Urgrund» (66, 2), also das dienende Wirken von unten her, «Voraussetzung zu jedem Herrschersein» (66, 1—2). «Wer selbstlos der Welt zu dienen gewillt ist, dem mag man das Reich anvertrauen» (13, 10). Daher merkt das Volk kaum, dass ein solch dienender Herrscher da ist (17, 1); es glaubt, sich selbst zu führen (17, 7); jeder fühlt sich geborgen und frei (66, 5).

Sehr treffend unterscheidet Lao-Tse die verschiedenen Herrschertypen, wenn er (17, 1—4) sagt: «Die echten Führer einer Gemeinschaft gewahrt das Volk kaum; weniger grosse werden geliebt und gelobt, die kleinen werden gefürchtet, die herrschsüchtigen werden verachtet». Wie eng Lao-Tse den Zusammenhang zwischen dem Charakter des Herrschers und dem Wohlergehen der Gemeinschaft sieht, zeigt 26, 4: «Der weltlich Grosse, der oberflächlich dahinlebt, lockert durch seinen Leichtsinn das Gefüge der Gemeinschaft, zerstört durch seine Unruhe die Ordnung des Reichs und wird daher sein Reich verlieren», oder wenn er in 53, 4 sagt: «Eigensucht ist es, wenn die Herrscher in glänzenden Schlössern leben, während die Felder der Bauern verwüstet sind und die Scheunen leer bleiben». Der Herrscher soll von Tao durchdrungen sein, sich von Tao leiten lassen: «Würden es Fürsten und Könige in sich tragen, so würden alle Geschöpfe von selbst zur Huldigung erscheinen. Himmel und Erde würden vor Freude lieblichen Tau spenden und die Menschen würden auch ohne Regierung geordnet leben» (32, 3). Wie im All durch das Nichtwirken alles gewirkt wird, so soll sich auch der Herrscher durch Nichtwirkenwollen auszeichnen, «dann würde sich alles zum Besten gestalten» (37, 2). Sein Glaube an die innere Kraft der Sanftmut, durch die ein Herrscher regieren soll, kennt keine Grenzen; einem Gebieter, der bescheiden ist, «dient jedes gern» (66, 4—5).

Lao-Tse weiss als Geschichtsforscher, dass auf einen Herrscher mancherlei Gruppen und Mächte Einfluss gewinnen wollen, auch unsichtbare Gewalten und Mächte, auch «Geister». Der chinesische Volksglaube nahm zwei grosse Geistergruppen an, die Shen und die Kuei; erstere galten als die guten, letztere als die bösen Geister. Beide erhoben Ansprüche an den Menschen. Wollte man sich den Segen der guten Geister sichern, musste man auf sie achten; wollte man sich vor dem Fluch der bösen Geister bewahren, musste man es ebenso. Ueberall, wo Geister als wirksam geglaubt werden, liegt ein ungeheuer starker seelischer Druck auf den Menschen, vor allem auf dem Herrscher. Lao-Tse sagt nun in 60, 1—5, dass, wenn der Herrscher mit Tao regiert, kein Kuei, keine dunklen Gewalten und finsteren Mächte umherspuken können, und dass auch die guten Geister, die sonstigen «Unsichtbaren» das Volk seelisch nicht bedrücken. Vorbildliches Verhalten schaltet also nach Lao-Tse die Macht der Geister, oder wie wir modern sagen können, die Macht der anonymen Mächte, die Macht auch des Unterbewussten im Menschen, aus. Sind diese unkontrollierbaren Mächte ausgeschaltet, dann können die Urkräfte des Lebens selbst wieder im Volk und im einzelnen wirksam werden. Intellektueller oder gar politischer Kampf gegen die anonymen, irrationalen und unterbewussten Kräfte ist wertlos; nur aus dem vorbildlichen Wirken des Herrschers kann das Volk erkennen, dass man von diesen Mächten frei werden kann. Die Mächte bleiben wohl da, aber sie können nicht mehr selbständig eingreifen, weil auch sie sich dem Ordnungswillen des Ganzen unterwerfen müssen. Möglicherweise will Lao-Tse aber noch mehr sagen. Mit «Shen» wird ja auch der «himmlische» Teil der Seele, mit «Kuei» der «irdische» bezeichnet. Gute Gedanken sind Shengedanken, schlechte, negative Gedanken sind Kueigedanken. Positive und negative Gedanken, Ansichten, Pläne und Ideen versuchen in einem Staat durch die Menschen, die sie vertreten, Einfluss zu gewinnen. Der von Tao bestimmte Herrscher, nicht auf sie angewiesen, vermag sich unabhängig zu halten und braucht sich nicht in das unauflösliche Geflecht der guten und weniger guten Ansichten zu verstricken; er nimmt sie alle auf, wie ein See die Rinnsale aufnimmt, das Lebenstaugliche in sich einordnend, das Lebensfeindliche im Stillen unwirksam machend.

Die innere Unabhängigkeit des in den grossen Lebensordnungen stehenden Herrschers zeigt sich nun aber auch darin, dass er sich von den eigenen Strebungen und Neigungen frei hält. Er kennt keinen politischen Ehrgeiz, weiss, dass es keine grössere Sünde gibt als das begehrliche Streben, kein grösseres Uebel als Masslosigkeit, kein grösseres Unheil als Eroberungssucht (46, 3—5). Er unterschätzt daher seine Feinde nicht (69, 7), «wer den Feind leicht nimmt, verliert seine Schätze» (69, 8), weicht lieber einen Fuss zurück, als dass er eigenwillig einen Zoll vorrückt (69, 2) und als Angreifer in das Buch der Geschichte eingeht. Besetzt er das feindliche Land, so «spielt er nicht den Hausherrn, sondern benimmt sich wie ein Gast» (69, 1). Er kommt auf diese Weise voran, ohne zu marschieren, und kann Besitz ergreifen, ohne die Waffen zu gebrauchen (69, 3, 6). Er weckt keine Leidenschaften, sondern sorgt für Zufriedenheit (3, 4), verwirrt nicht die Herzen, indem er die Begierden reizt, lockt nicht die Neider und umgibt sich nicht mit Strebernaturen (3, 1—2). Er weiss die Menschen an den rechten Platz zu stellen (28, 8; 68, 5) und schafft damit die erste Voraussetzung für eine geordnete Staatsführung. Indem er sich selbst den grossen Führungsregeln unterwirft, anerkennt er, auch in seinem Wert als Herrscher allein von jenem Wert bestimmt zu sein, den er als lebensgehorsamer Mensch besitzt.

Dass Politik letztlich auch nur den einen Sinn und die eine Aufgabe hat, an der Bildung des Menschen zum Menschen mitzuarbeiten, erkennen wir aus 62, 5: «Des Kaisers Würde und der Staatsmänner Pracht kommen nicht der beharrlichen Mühe gleich, den Geist des Unergründlichen (Tao) zu verwirklichen.» Die Verwirklichung aber sieht Lao-Tse in erster Linie darin, dass die Verirrten, die von Tao, vom rechten Wege Abgekommenen, wieder zu sich selbst kommen und in rechter Weise in die Gemeinschaft eingefügt werden (62, 2—3, 8); anders gesagt: auch Politik ist nichts anderes als Menschenführung im Sinn des Unergründlichen, hat selbstloser Dienst am Menschen zu sein. «Wahre Ehrfurcht und natürliche Liebe wachsen in einer Gemeinschaft, in der Recht und Sitte nicht mehr gefordert werden. Unmoral findet keinen Raum in einer Gemeinschaft, in der Selbstlosigkeit das Wirken bestimmt. Das sind drei Grundsätze, die nicht gefordert, sondern g e - l e b t werden wollen. Nur wo sie gelebt werden, helfen sie dem Menschen. E c h t e   S i t t l i c h k e i t   w i r d   n u r ,   w o   U r s p r ü n g l i c h k e i t   g e l e b t   u n d   a u s   l a u t e r e m   H e r z e n   g e h a n d e l t   w i r d ;   w o   s i c h   d i e   E c h t - h e i t   d e s   W e s e n s   i n   s e l b s t l o s e r   T a t   u n d   i n   W u n s c h l o s i g k e i t   o f f e n b a r t » (19, 2—7).

VIII. Grunderkenntnisse zur Menschenführung

Eine Fülle von Leitlinien für eine rechte Menschenführung sind in den 5000 Worten des ursprünglichen Tao-Te-King enthalten. Diese Leitlinien erschöpfend darzustellen, widerspricht dem Charakter dieser Einführung. Es seien im folgenden nur einige besonders wichtige Grunderkenntnisse Lao-Tses zur Menschenbildung und Menschenführung erwähnt. Ihre Uebereinstimmung mit den Erkenntnissen der modernen Tiefenpsychologie des Abendlandes beweist die grosse Ursprünglichkeit aller Erkenntnisse Lao-Tses. Die Reihenfolge enthält keine Wertung; alle Führungsregeln sind miteinander verflochten, denn auch diese Grunderkenntnisse gehören in das Gesamtgeflecht der geistigen und sittlich-religiösen Ordnungen.

1. Das Vertrauen in die Selbstordnung des Lebens

Wir haben das Gesetz von der Selbstordnung alles Lebendigen und aller wirkenden Kräfte als eines der grossen Grundgesetze des Seins schon kennen gelernt, haben gehört, dass «die Welt ein sich selbst bildendes geistiges Ganzes» ist (29, 2), dass «ein Reich aus sich selbst heraus wächst» (48, 5). Dieses kosmische Gesetz gilt für Lao-Tse auch uneingeschränkt für das Gebiet der Menschenführung und für die Selbstbildung der Persönlichkeit.

Für die politische Menschenführung ergibt sich daraus zunächst die Notwendigkeit für den Herrscher, im Regieren sehr zurückhaltend zu sein und den Werdekräften zu vertrauen: «So sorgfältig wie man kleine Fische brät, muss man einen grossen Staat regieren» (60, 1). «Die weisen Herrscher wägten bedacht ihre Worte, was sie taten war gut; ihr Werk vollendeten sie. Das Volk aber glaubte, sich selbst zu führen» (17, 6—7), so schildert Lao-Tse das Vertrauen der alten Kaiser in die Selbstordnung völkischen Lebens, das Vertrauen in das wirkende Te des Reichs. «Wer liebend sein Volk führt, lässt es sich selbst ordnen» (10, 4). Das ganze 57. Kapitel ist der Ueberzeugung gewidmet, dass Nichtregieren die beste Art des Regierens sei: «Ich wirke nicht, so entfaltet sich das Leben in der Gemeinschaft von selbst. Ich bleibe in der Stille, so wird das Volk von selber recht. Ich greife nicht in die Wirtschaft ein, so blüht das Volk von selber auf. Ich bin ohne Begehr, so wird das Volk von selbst gesunden» (57, 9—12). Ein solches Vertrauen in die selbstschaffenden Kräfte einer Gemeinschaft schliesst jede staatliche Propagandatätigkeit, jedes Regieren nach festgelegten politischen, wirtschaftlichen und kulturellen Programmen aus; es hebt sich weit ab von jeder Form eines Polizeistaates.

Am Beispiel der Verwaltung zeigt Lao-Tse (in 58, 1—2), dass jede Verwaltung, die sich nicht ihres Dienstes bewusst bleibt, Selbstzweck und als Staat im Staat zur Tyrannin jeglichen Gemeinschaftslebens wird. Echter Dienst an der Gemeinschaft ist fern jeglichen Zwangs, ist ein Dienst am Einzelnen, weil jeder seiner Individualität nach behandelt werden muss: «Denn alle ihre Glieder haben ihr eigenes Gesetz: die einen müssen voranstürmen, die andern verharren; die einen schweigen, die andern prahlen; die einen sind selbst stark, die andern müssen gestützt werden; die einen siegen im Lebenskampf, die andern unterliegen». Es hat jeder einzelne Mensch seine Daseinsberechtigung, auch die, «die gestützt werden müssen», nie darf ein einzelner oder eine Gruppe zugunsten der andern unterjocht werden. In Kapitel 72 weist er noch auf die Notwendigkeit äusserster Vorsicht in der Beeinflussung hin. Man soll keine Furcht und kein Grauen in die Heimstätten der Menschen tragen, weil ihnen sonst das Leben vergällt wird. Der Herrscher, der den Kräften der Selbstordnung des Lebens vertraut, kann den Menschen Freiheit lassen. An der Grösse der Freiheit, die in einem Volke herrscht, ist die Grösse des Vertrauens in die Menschen ersichtlich. Der Herrscher, der wahrhaft dem Leben vertraut, der kann die Menschen «fröhlich leben, zufrieden altern und ruhig sterben lassen»; wenn «sie zufrieden sind mit ihrer Nahrung, sich ihrer Tracht freuen, ihre

Behausung schön finden und Sitte und Recht ihnen in Ordnung erscheinen» (80, 5, 4), soll es ihm auch recht sein; und wollten sie selbst «zum Brauchtum ihrer Väter» (wörtlich «zur alten Knotenschrift!) zurückkehren» (80, 3), «man lasse sie in Ruhe leben» (80, 2). «So erwirkt er des Lebens Ordnung in sich und andern und stört niemals die Entwicklung aus sich selbst» (64, 19). Dass die Menschen unserer Zeit eine solche Politik vertrauenden Gehenlassens für völlig unmöglich halten, beweist, wie innerlich losgelöst sie vom Lebensgrunde sind; in stillen Stunden freilich sagt es ihnen ihr Herz noch, dass es «eigentlich» so sein müsste. Niemand aber findet seinen «fundus», seinen Lebensgrund, der nicht anfängt, den in seinem Selbst wirkenden und selbständig wirkenwollenden Kräften zu vertrauen.

Für das Werden und Wachsen des Vertrauens in die selbstschaffenden Kräfte der eigenen Persönlichkeit aber gilt Lao-Tses Wort: «Wer den Bildekräften schöpferischen Lebens in sich Raum gibt, zu dem kommt das Wesentliche. Es kommt und bleibt in ihm unantastbar, Friede und stilles Reifen wirkend» (35, 1—2). Die «Bildekräfte schöpferischen Lebens» nennt Lao-Tse einfach «die grossen Urbilder»; diese soll man «festhalten», ihnen also bewusst Raum und Wirkungsmöglichkeit in der eigenen Seele geben. Und was geschieht dann? Dann kommt das Leben selbst wieder unmittelbar zur Geltung, wörtlich: «dann kommt die Welt» herbei, «der Erdkreis», die ganze Welt-Wirklichkeit selbst, in die wir ja von Geburt an hineingestellt worden sind. Wir sind dann wieder in den Kreis des Lebens eingefügt, wieder vom Wesentlichen erfüllt; das Wesentliche ist die Wesenheit des Lebens selbst, die innerste Wirklichkeit, die das kosmische und unser persönliches Sein gleichermassen erfüllt. In unserm Grund finden wir dann den Lebensgrund selbst, oder wie Eckehart sagt, wir erkennen, dass «mein Grund Gottes Grund» ist. Wer so wieder im göttlichen Lebensgrund selbst gegründet ist, der macht die Erfahrung, dass an diesem Felsen des innersten Selbstes alle Schicksalswogen brechen, der erfährt seine innerste Unantastbarkeit, der kann in Ruhe seinen Weg stillen Reifens gehen.

Das deutsche Wort Bild geht auf bil-odi zurück; bil (vgl. Unbill) bedeutet: recht, richtig, passend, entsprechend u. ä., odi hängt mit Odem, Atem, atman, esoterisch mit Od zusammen, ist so gesehen Od-behaftetes, mit göttlichem Lebensgeist Behaftetes. Bild meint esoterisch und ethymologisch «das Od-entsprechende», das dem wirklichen Lebensgeist Entsprechende. Die Urbilder in der Seele des Menschen, von denen Lao-Tse in völliger Uebereinstimmung mit unseren wissenschaftlichen Erkenntnissen spricht, können uns in tiefen Träumen, am innersten Sehnen, am verborgensten Streben, am weitausgreifendsten Planen, an fernsten Ideen, an allem offenbar werden, was uns über unser augenblickliches Sosein hinausführt, was uns die heimlichen Flügel gibt, durch die wir uns von selbst lösen können, was uns die heimliche Kraft gibt, trotz aller Widerstände von seiten des Ich über uns selbst hinauszuwachsen. In diesen wirklich aus dem Urgrund des Lebens aufsteigenden Bildern offenbaren sich die innersten Bildekräfte des Lebens selbst, offenbart sich der immanente Schöpfungswille zu neuer Gestalt. Das Gestaltwerden des Menschen — der tiefsten Möglichkeiten, die im Menschsein liegen —, das erstrebt der Zielwille der «Bildekräfte schöpferischen Lebens».

Nur das Vertrauen in diese im Urgrund der Seele nach grösserer Schöpfung drängenden Kräfte löst diese Kräfte. Wer ihnen keinen Raum gibt, versperrt sich nicht nur selbst die innere Entwicklung, sondern wird auch nie jenes Geborgensein und jene innere Ruhe finden, die er ersehnt. «Sich von der G a n z h e i t d e s L e b e n s durchdringen lassen, das gibt Segen» (55, 7). «Wer sich nach innen kehrt, ... der wird des Letzten inne, der findet das grosse Einssein» (56, 2—4), «der wird nicht entwurzelt» (54, 1), der findet durch seinen Gehorsam «seine Unerschöpflichkeit» (35, 7). Er erfährt, d. h. er macht wirklich die Erfahrung, dass die «alles wirkende, alles fördernde und alles ernährende Weltenmutter» (34, 5) auch in ihm bereit ist, alles zu wirken, alles zu fördern und alles zu erhalten.

Wer um die Selbstordnung alles Lebendigen weiss, lernt Geduld haben. Die Dynamik des seelischen Geschehens ist rational nicht erfassbar; jeder einzelne Bereich hat sein eigenes Wogenspiel von Ebbe und Flut, und sie alle sind grösseren Rhythmen eingefügt. Das Gesetz des inneren Ausgleichs (vgl. Seite 135—137), das auch zu den Selbstordnungsgesetzen des Lebens gehört, folgt durchaus nicht der puritanisch-pietistischen Glaubensmechanik, nach der z. B. äusserer Reichtum immer Ausdruck göttlichen Segens sei. Im Gegenteil: «Was sich vollendet, erscheint oft wie unvollkommen» (45, 1; vgl. auch 41, 4—11). Das Wort vom inneren Ausgleich darf auch nicht dazu verleiten, irgend etwas zu «erwarten». Lao-Tse verspricht dem Frommen nichts, weder für ein Jenseits, das er überhaupt nicht kennt, noch für das Diesseits, das für ihn kein Diesseits ist, sondern ein — «göttliches Gefäss», das die kosmischen Substanzen in sich birgt. (Die eingangs [S. 199] erwähnte Stelle (29, 2): «Die Welt ist ein sich selbst bildendes geistiges Ganzes» heisst wörtlich: «Die Welt (als das unter dem Himmel Seiende) ist ein göttliches Gebilde, bezw. ein Gefäss der «Shen», der positiv wirkenden Geistkräfte.» Die Gottkräfte des Lebens bedürfen der Welt als ihres Wirkungsraums; im Sinn der abendländischen Mystiker gesprochen ist die Welt der Leib Gottes, vgl. Eckeharts Wort: «Gott will Welt werden». Von diesem lebendigen Gott-Welt-Organismus sagt Lao-Tse, dass «er nicht gemacht werden kann», was uns zu der Fassung veranlasste: «Die Welt ist ein sich selbst bildendes geistiges Ganzes.») Wer voll den wirkenden Geistkräften vertraut, «erwartet» also auch keinen Ausgleich in seinem Leben, obwohl er weiss: «Was unvollkommen ist, wird vollkommen werden»; «wenn sich etwas löst, wird Neues werden» (21, 1, 4). Ihm kann es gleich-gültig sein (d. h. es ist ihm von gleicher Gültigkeit), ob der sich in jedem Fall kosmisch vollziehende Ausgleich in seiner winzigen Individualität sichtbar wird oder nicht. In wem das wirkende Leben selbst keinen ichhaften Widerstand mehr findet, kann es «spielerisch» die inneren Möglichkeiten des Menschseins finden. Wer «anspruchslos nach aussen und wunschlos nach innen» (8, 3) wurde, dessen Geist kann von der Majestät des unerschöpflichen Lebens selbst ergriffen werden und es unmittelbar erleben, dass das Leben selbst die unsterbliche

Geistwirklichkeit des Seins ist. In einem solchen Menschen wird sich das Urmütterliche seiner selbst bewusst; er wird selbst «zum Urquell des Lebens, der mühelos aus sich selber quillt» (6, 4).

2. Das Wissen um das Resonanzgesetz

Hans Künkel hat in die Psychologie den Begriff des Resonanzgesetzes eingeführt. Damit ist gemeint, dass jede seelische Kraft die Resonanz der entsprechenden Kraft in demjenigen hervorruft, auf den sie gerichtet ist (bezw. sie wenigstens anspricht oder aber die entsprechenden Gegenkräfte auslöst). Es ist ein Grundgesetz für jede Form der Beeinflussung, aufs engste mit den Ausgleichs- und Harmoniegesetzen und letztlich mit den karmischen Gesetzen zusammenhängend. Lao-Tse spricht von ihm (wie übrigens alle alten chinesischen Philosophen) an verschiedenen Stellen: «So wie ein Herrscher seinem Volk vertraut, vertraut das Volk ihm» (17, 5). «Jedem wird das Vertrauen, das er gibt» (23, 12). «Der weltlich Grosse der oberflächlich dahinlebt, lockert durch seinen Leichtsinn das Gefüge der Gemeinschaft» (26, 4). «Was gut geführt wird, wird nicht verführt» (54, 2). Confucius sagt: «Wenn die Oberen die Aufrichtigkeit lieben, dann wird es das Volk nicht wagen, Unwahres zu sagen». Mong Dsi sagt: «Wer die andern liebt und keine Gegenliebe findet, der prüfe seine eigene Einstellung zu den Mitmenschen». «Es gibt Männer des Himmels, sie handeln erst, wenn sie wissen, auf welche Weise sie den andern helfen können.» Lü Bu We sagt: «Wahrlich, wenn die Worte nicht aufrichtig sind, können sich die zehntausend Dinge nicht vollenden. Darum ist ja die Aufrichtigkeit so wichtig.» Das Wissen um dieses Gesetz verpflichtet jeden Menschenführer, nie etwas zu fordern, sondern immer erst selbst vorbildlich zu handeln. Welche Kräfte er aus sich selbst löst, die werden auch im Volk gelöst. Jede Politik ist ein Spiegelbild des Charakters der Herrschenden. Politik verdirbt nicht den Charakter, sondern sie spiegelt ihn wider.

Wegen der durchgängigen Geltung des Resonanzgesetzes (das uns auch erst den Schlüssel dafür gibt, warum die gleiche Landschaft, die gleiche Sprache, das gleiche Volk die Menschen einheitlich prägt) ist es von entscheidender Wichtigkeit, welche Gedanken und Kräfte in einem Staatsmann oder Menschenführer, ja schliesslich in jedem einzelnen und in jeder Gemeinschaft wirksam sind und Resonanz finden, und welche Kräfte jeder einzelne in sich aufnimmt. Wir haben verlernt, auf die Wichtigkeit alles dessen zu achten, was täglich und stündlich auf uns einströmen will und einströmt. Der moderne Mensch findet keine Zeit mehr für sich, darum hat er auch keine Zeit mehr. Der aus seiner Ursprünglichkeit lebende Mensch hat immer Zeit, weil sie ein Teil seiner Ewigkeit ist. Darum hüte man sich vor den Menschen, die keine Zeit haben; sie betrügen sich selbst um die besten Werte ihres Menschseins und leben am Leben vorbei. Erst von dieser Warte aus verstehen wir Lao-Tses Forderung nach einem ursprünglichen Leben vollkommen. Der ursprüngliche Mensch allein kann irrtumslos seinen Weg gehen, weil er keinerlei Beeinflussungen in sich Raum gibt, die den innersten Gesetzen seiner Seele und den hohen Lebensordnungen widersprechen. Um das Resonanzgesetz wissend, wirkt er auch nur mit seinen besten und tiefsten Kräften, mit seinen Herzkräften, auf die Umgebung ein.

Der liebende Mensch erfährt die Wahrheit, dass sich das tiefste Verbundensein in der Liebe nur im Schweigen offenbart. Der Erkennende sieht, dass sich die grossen Himmelsordnungen und alles Werden in der Natur schweigend vollziehen. Darum lehrt der Weise, der ja immer ein Liebender und Erkennender zugleich ist, durch Schweigen. Auch sein Reden ist aus dem Schweigen geboren und will wieder ins Schweigen führen. Unser Wort «reden» hängt mit dem Althochdeutschen redia zusammen, d. h. Rechenschaft, «so wie man es verantworten kann», vor sich, vor dem andern, vor dem Leben, vor Tao. Die Verantwortung für «das Wort» (um die die protestantische Theologie viel erahnt) kann nur der Schweigende haben. Darum ist auch das schweigende Umgeben eines Menschen das heilsamste; es löst die Kräfte, um den andern wieder in die Lebensordnung zurückzuführen. Die Kraft des Schweigens hat die stärkste Resonanz. Hat die heutige Welt vergessen, dass Gott sich nur im Schweigen und nur den Schweigsamen offenbart?

Hohe Menschenführung muss um das schweigende Führen, um die Führung von innen her wissen und Kräfte lösen können. Nur wo Lösung und Erlösung wird, sind echte Führungskräfte lebendig, das ist ihr sicheres Kennzeichen. Nur solche Führungskräfte vermögen auch den Hass zu lösen, die menschen- und lebensunwürdigste Kraft, die aus jeder Ungelöstheit aufsteigt. Hass erzeugt Hass. «Was hilft es, wenn ein grosser Hass verschwunden ist und kleiner bleibt?» (79, 1); auch kleiner Hass erzeugt neuen Hass. Der Hass aber kann, wie Lao-Tse in den folgenden Versen (79, 2 ff.) zeigt, nur dadurch überwunden werden, dass man auf alles eigene Rechthabenwollen verzichtet und nur sich um die Erfüllung der höchsten Pflichten bemüht, die einem selbst gegeben sind. Lao-Tse erwartet nichts vom andern, nichts von der Gemeinschaft, nichts vom Staat. Man muss zuvor sich selbst dem Leben geben, bevor man etwas erwarten darf (vgl. 51, 7). Wer aber sich selbst gibt, der erwartet nichts mehr. Wenn die grossen religiösen Gestalten der Menschheit, wie z. B. auch Jesus, trotz ihres äusserlich oft so unbedeutenden Lebens eine weit stärkere Resonanz in der Menschheit gefunden haben als die politischen, so kann es nur daher kommen, dass sie tiefer im Unergründlichen wurzelten und ohne wirken zu wollen, es den himmlischen Mächten überliessen, welche Wirkung dermaleinst von ihnen ausgehen würde. Mögen wir lernen, den Weg des Schweigens zu gehen!

Auf einen Tatbestand, der sich aus dieser Führungsregel des Resonanzgesetzes ergibt, sei noch eingehender hingewiesen. Wir haben Lao-Tses Forderung an die Menschenführer, die Ursachen irgend einer Unordnung oder irgend eines Versagens von Menschen, immer nur in sich selbst zu suchen, schon erwähnt. Weil jeder Menschenbildner, vom Staatsmann angefangen bis zum Erzieher in Schule und Haus, die Verantwortung für den Lebenskreis hat, dem er vorsteht, hat er sich den wirkenden Lebensmächten gegenüber auch als letztverantwortlicher Verursacher zu betrachten, alle Schuld auf sich zu nehmen und sie zu tragen. Nach 75, 1—3 soll der Staatsmann jede Not, jede Resignation, jede Opposition beachten und deren Ursachen immer nur in sich bezw. der tragenden Herrscherschicht suchen; er wird dann immer auf irgend ein menschliches Versagen der Massgebenden stossen. Wir sahen aus 3, 1, dass immer Strebernaturen erzogen werden, wenn der Herrscher Fähige auszeichnet. Hervorragende Fähigkeiten erfordern hervorragende Leistungen. Hervorragende Leistungen haben Selbstverständlichkeit zu sein für den, der zu solchen Leistungen fähig ist; denn dies ist sein Dienst, den ihm das Leben auftrug. Wo diese Selbstverständlichkeit fehlt, fehlt es an der Lauterkeit des Charakters und des Tuns.

3. Das Wartenkönnen bis zur Reife

Kapitel 36 enthält einige Leitlinien, die zwar in erster Linie für die Innenpolitik gelten, die jedoch zugleich auf psychologische Wahrheiten hinweisen, die in vielen Lebensbereichen Geltung haben und vor allem pädagogisch der Beachtung wert sind. Lao-Tse gibt fünf Leitlinien. Die erste besagt: «Was man einengen will, muss man zuvor sich entfalten lassen», oder anders gesagt: «Was man an sich ziehen will, dem muss man sich zuvor geöffnet haben.» Die zweite besagt: «Was man schwächen will, muss man zuvor sich erstarken lassen.» Die dritte meint: «Was man fallen lassen will, muss man zuvor gefördert haben». Die vierte besagt: «Was man nehmen will, muss man zuvor gegeben haben» (36, 1—4). In allen vier ersten Leitlinien kommt einmal die Polarität jeglichen Geschehens zum Ausdruck; zum andern das Wartenkönnen auf den rechten Zeitpunkt bezw. die Notwendigkeit der Weitsicht im Handeln; ferner, dass man das Recht zu irgend einem eingreifenden Tun erst hat, wenn man selbst zuvor das möglichste getan hat, und schliesslich, dass es Aufgabe jeder Staatsführung ist, auch das einem möglicherweise unangenehm und gefährlich Werdende zunächst zur Entfaltung kommen zu lassen. Lao-Tse fasst das mit allem Gemeinte abschliessend mit einer 5. Leitlinie zusammen, indem er sagt: «Das Ausreifenlassen ist ein tiefes Geheimnis: Das Schwache und Biegsame ist immer stärker und widerstandsfähiger als das Starke und Starre» (36, 5—6). Das Kapitel 36 schliesst mit dem Satz: «Wie ein Fisch in seinem Element gelassen werden muss, so muss auch der Herrscher im Bereich dieses Geheimnisses bleiben, wenn er sein Reich fördern will» (36, 7).

Ein Beispiel soll das «Ausreifenlassen», denn um diese Führungsregel handelt es sich hier, verdeutlichen. In einem Staat bildet sich eine regierungsfeindliche Opposition. Sie darf nach Lao-Tse nicht nur nicht ausgeschaltet werden, sondern muss alle Entwicklungsmöglichkeiten erhalten. Dann kann dreierlei geschehen. Erstens, die Opposition findet keinen Widerhall im Volk. Die selbstordnende Kraft im Volk erledigt sie, ohne dass der Staat einzugreifen braucht. Dieser bleibt damit zugleich dem Gesetz des Nichtwirkens treu. Zweitens: der Staat nimmt die oppositionellen Gedanken in sich auf und verleibt sie sich ein. Das entspräche der ersten Leitlinie, dass man sich dem zuvor öffnet, was man an sich ziehen will. Dies ist aber wiederum Ausdruck «nichtwirkenwollender Empfänglichkeit» im Sinne Lao-Tses. Drittens besteht natürlich auch die Möglichkeit, dass die Opposition siegt und die Staatsgewalt übernimmt. Das ist nach altchinesischer Auffassung immer der Fall, wenn die politische Opposition als das zunächst Schwache Grundsätze vertritt, die den grossen Lebensordnungen mehr entsprechen, die also Tao-gemässer sind. Nach chinesischer Auffassung durfte deswegen selbst der Kaiser, der Sohn des Himmels, gestürzt werden. Der siegende Gegenkaiser wurde vom Volk als der würdigste betrachtet, da der durch die Stimme (das Te) des Volkes offenbar werdende Wille des Himmels immer den Würdigsten erwählt. Kein Staat hat also nach Lao-Tse das sittliche Recht, eine Opposition nur aus dem Willen zur Erhaltung der eigenen Macht zu vernichten, sondern er muss sich des Gesetzes klar sein, dass er unweigerlich zum Untergang verdammt ist, wenn er wider die Lebensordnungen handelt.

Ein unendliches Vertrauen in die wirkenden Lebenskräfte

offenbart sich in dieser Gesamthaltung: es kann nie etwas geschehen, was nicht seinen Sinn hat, was nicht irgendwie notwendig ist, um den Menschen oder einen Staat stärker in die Allordnung einzufügen. **Alles Geschehen ist ein Reifeprozess.** So widersprechen auch der zweite und der fünfte Satz («Was man schwächen will, muss man zuvor erstarken lassen» und «Das Schwache und Biegsame ist immer stärker als das Starre und Starke») einander nicht. Letzteres ist der Leitgedanke im allgemeinen; nach ihm ist das Werdende als eine neue Aeusserung des Lebens immer zukunftsträchtiger und kräftiger als das Gewordene. Ersteres gilt für den Einzelfall. Es kann ja niemand am Anfang eines Werdeprozesses erkennen, was werden will, und auch nicht, ob und inwieweit das Werdende tatsächlich höheren Notwendigkeiten entspricht. Darum ist es Pflicht des Staates, alles, was werden will, auch werden zu lassen. Dies meint der zweite Satz. Kraut und Unkraut sollen ruhig zunächst miteinander wachsen. Zu gegebener Zeit wird das Unkraut als solches einwandfrei erkannt und vernichtet, und sei es erst bei der Ernte.

Aus dieser Haltung spricht nun aber noch eine weitere Ueberzeugung: Es gibt nichts, was von Anfang gut oder schlecht wäre, ja, niemand ist fähig, sofort entscheiden zu können, ob etwas gut, d. h. im Sinn der lebensgesetzlichen Ordnung, oder schlecht, d. h. wider das Lebensgesetzliche ist. **Alle Keimkräfte des Werdens sind wertefrei.** Sie erhalten ihren positiven oder negativen Wert nach ihren «Früchten». Der Mensch hat auch nicht das Recht, nach Gutdünken so oder so zu werten. Er hat zu lauschen und zu warten, bis er erkennt, was die Lebenskräfte durch das Neue wirken wollen. Nur als selbst Nichtwirkenwollender aber wird er fähig, «objektiv» das wahrhaft Werdende zu erkennen, und nur als Erkennender hat er die seelische Kraft zu warten, bis ihn das Leben selbst in der rechten Weise in den Lebensprozess einschaltet. Immer bleiben Reinheit der Gesinnung, gelassenes Vertrauen und stille Klarheit das rechte Richtmass (45, 7).

Es wäre aber nun verkehrt, anzunehmen, Lao-Tse fordere

das Warten in jedem Fall. Laut dem 64. Kapitel kommt es auf das Warten bis zur rechten Zeit an. Ein zu langes Warten ist ebenso gefährlich wie ein zu frühes Handeln. Unkraut, das als solches erkannt wurde, braucht nicht bis zur Reife zu bleiben: «Was noch schwach ist, kann leicht vernichtet werden; was noch leicht ist, kann leicht zerstreut werden; bevor etwas wird, muss man auf es wirken; bevor etwas verwirrt ist, muss man es ordnen» (64, 3—6). Das könnte nun so aussehen, als ob der Staatsmann doch das Recht hätte, die Opposition im Keim zu ersticken, zumal er kurz zuvor sagt: «Was noch nicht gilt, kann leicht beeinflusst werden» (64, 2). Davon kann keine Rede sein. Lao-Tse fordert aber den Staatsmann auf, den Ursachen nachzugehen, aus denen die Opposition und die offensichtlich vorhandenen Mängel entstanden; er hat Fehler oder Schwächen zu beseitigen, ehe sie sich unheilvoll auswirken. «Erkennet das Schwierige, ehe es schwierig ist... Alles Schwierige auf Erden beginnt einfach» (63, 5—7). Der Herrscher muss wie jeder Menschenführer selbst «das, was nicht beachtet wird, beachten» (64, 18), in allem «Anfang und Ende bedenken» (64, 15). «Voller Aufmerksamkeit waren sie», heisst es von den alten Meistern in 15, 4, «wie Fährleute, die im Winter — wenn Eisschollen im Strom treiben — über den Strom setzen».

So zeigt auch dieser Abschnitt, dass der Menschenführer ruhig und doch mit höchster innerer Aktivität, nichtwirkenwollend und doch zu jedem Wirken bereit, mitten im Wirbel des Geschehens zu stehen hat, auf den rechten Augenblick seines Handelns wartend. (Ueber das «Weiche» als das Werdende und wahrhaft Starke spricht Lao-Tse noch in 43, 1; 52, 8; 55, 3; 67, 7; 76, 1—5; 78, 1—2.)

4. Das Tun des Notwendigen aus innerem Gehorsam

Der Mensch glaubt immer, etwas tun zu müssen. Selten zwar ist es «das Notwendige, das Not wendet» (30, 5). Immer aber gibt es, wo man auch steht und geht, eine Not, die zu wenden, eine Hilfe, die zu bringen ist; zwei Hände und ein Herz werden immer gebraucht; ebenso auch ein schweigender Mund und zwei Ohren, die sich der Not und der Sorge der Umwelt öffnen. Das Nächstliegende zu sehen, das getan werden muss, ist gar nicht einfach; ja es ist eine hohe Kunst. Ein alter Meister des Zen gab auf die Frage: «Was ist Buddhaschaft?» die Antwort: «Der Krug ist zerbrochen». Man soll nicht nach den letzten und höchsten Dingen fragen, wenn ein Krug zerbrochen ist, sondern zuerst einen neuen Krug heranschaffen. Das Fernste — das Geheimnis der Buddhaschaft — liegt immer im Nächsten — im Krug. Das ist Religion, das Tun des Notwendigen. Indem man es tut, erfüllt man die Lebensordnungen. Diese erfüllen, ist immer im Sinn des Unergründlichen.

Alles rechte Tun ist ein bestimmtes Tun; mit Recht sagt schon der Volksmund, dass man nicht zweierlei tun könne. «Man kann nicht ein Messer schärfen und zugleich die Schneide erproben» (9, 2). Alles notwendige Tun ist ein begrenztes Tun: «Man darf nicht ein Gefäss überfüllen, wenn man es nur füllen soll» (9, 1). Und es ist ein Tun, das Anfang und Ende bedenkt, das sich auch seiner Folgerungen bewusst ist: «Sinnlos ist es, Gold und Edelsteine zu sammeln, wenn man sie nicht sicher horten kann» (9, 3). Selbstzucht und Beschränkung im Tun ist aber gleichzeitig eine wesentliche Voraussetzung für die Selbstbildung; diese wiederum macht das Tun zu einem behutsamen und seelenerfüllten Tun. Alles Tun soll ein «Hegen und Pflegen» sein (10, 7). «Solch herzgewirktes Tun wirkt Frieden, enthält die hohe Kunst der Menschenführung, es ist ein Wirken im Sinn des Himmels. Solches Tun gilt seit Vorzeiten als höchstes» (68, 5—8). Hegen und Pflegen kann nur der Fachmann; darum beschränkt sich alles notwendige Tun auf die ureigensten Lebensgebiete, für die einen das Leben selbst die Fähigkeiten mitgab oder werden liess (27, 1—5). «So wie der wirkliche Fachmann immer überzeugend wirkt und richtig handelt» (68, 1 ff.), so vermag auch der Weise auf dem ihm eigenen Lebensgebiet der inneren Führung des Menschen «allüberall zu helfen» (27, 6). So wenig sich die Weltenmutter irgend einem Dienst versagt (34, 4), versagt sich der Weise irgend einem notwendigen Tun. «Der wirkliche Weise, das

Unergründliche erkennend, sucht es zu verwirklichen» (41, 1), und zwar sofort.

Rechtes Tun erfordert viele Uebung. Es ist für den Nichtgeübten nicht immer leicht, zu erkennen, was wirklich das Notwendige ist. Dass es immer das Nächstliegende ist, sagten wir schon. Es ist aber auch immer das, «was auf einen zukommt» (2, 11). Alles, was auf einen zukommt und einen fordert, ist vom Leben gewirkt, wenngleich aller Verstand dagegen spricht. Man muss ein Gefühl dafür bekommen, was jeder Tag für sich von einem fordert. Es ist vielleicht nie «etwas Besonderes», vielleicht sogar immer etwas Belangloses und Nebensächliches in den Augen der wertenden Umgebung. Aber indem man es selbstverständlich tut, wird man die Erfahrung machen, dass sich auch alles scheinbar nebensächliche Tun zu einem Ganzen abrundet und dass unsere innere Lebenserkenntnis von selbst dadurch wächst. Freilich, nicht unser Wollen bewirkt es, sondern nur unser Gehorsam.

Mit dem inneren Gehorsam ist gemeint, dass der auf das Notwendige und Wesentliche achtende Mensch das, was er zu tun oder lassen erkennt, auch sofort verwirklicht. Zum Lauschen auf das Notwendige muss also auch die Bereitschaft kommen, es ohne Wenn und Aber zu erfüllen. Nur wer sich im Gehorsam übt, dem wird Erfüllung und der findet seine Unerschöpflichkeit (35, 7), und der wird auch die Erfahrung machen, dass alles Notwendige wirklich geschieht. «Im selbstlosen Gehorsam bleibt nichts ungetan» (48, 4). Solches Tun aus innerem Gehorsam findet auch den Segen des Himmels. Nur muss man wissen: «Tao bevorzugt niemanden», also auch nicht den Gehorsamen, «es segnet stets den Besten» (79, 4); zum Gehorsam muss die volle Hingabe an das notwendige Tun treten. Wörtlich heisst es: Tao kennt keine «Verwandtschaftsbeziehungen»; es fordert immer den persönlichen Einsatz. Alles notwendige Tun ist ein persönlich gegebener Auftrag der Lebensführung; er muss persönlich aufgenommen und persönlich durchgeführt werden, und zwar auf die bestmögliche Art. Nur so gibt der Himmel seinen Segen; dann freilich ist dieser auch nichts

«Besonderes», sondern die selbstverständliche Frucht hingebenden Dienens.

Das Wohl einer Gemeinschaft hängt nicht nur vom vorbildlichen Tun des Herrschers ab, sondern auch vom vorbildlichen Tun der Gemeinschaftsglieder. So wie der dienende Gehorsam Herrscher und Volk zu verbinden hat, so hat auch das Dienenwollen das Verhältnis der Staaten untereinander zu bestimmen: «Wenn der grosse Staat nichts will, als alles zu einen, zu fördern, und der kleine Staat, ebenso alles fördern wollend, nur das Gesamtwohl sieht, so gewinnen in dieser ständigen Bereitschaft füreinander beide Mächte. Wahre Grösse offenbart sich immer und überall nur in tiefer Empfänglichkeit und gütiger Hilfe» (61, 5—8). «Empfänglichkeit ist immer Ueberlegensein, gleichgültig, ob der Staat gross oder klein ist» (61, 4). Empfänglichkeit für die Not und gütige Hilfe wendet jede Not; sie kennzeichnen das aus Tao kommende, herzensursprüngliche Tun. Darum liegt im geringsten Tun, das selbstverständlich und erwartungslos getan wird und in das doch zugleich unser Herzblut strömt, der Adel des Lebens und der Segen des Himmels.

5. Der Weg in die Furchtlosigkeit und Freiheit

Furcht und Angst sind die stärksten Widersacher des Menschen im Menschen. Ohne deren Macht wären keine Erlösungsreligionen notwendig. Sie sind aber nicht von Anfang an im Menschen. Das neugeborene Kind kennt sie noch nicht. Es wird viel Unfug mit dem Wort «Urangst» getrieben, die im Menschen liegen soll. Die Tatsache, dass die Angst in der Natur eine verschwindend geringe Rolle spielt, und dass der wiedergeborene Mensch, d. h. der in den Gottgrund des Lebens zurückgekehrte Mensch die Angst nicht mehr kennt, beweisen, dass sie keine Urgegebenheit, sondern etwas Gewordenes ist. Angst ist das Symptom der Gottferne. Sie findet sich bei jedem «Entwurzelten», bei jedem, der sich vom Urgrund des Lebens gelöst hat. Auch die Existenzialphilosophie, die da behauptet, dass der Mensch in das Sein geworfen ist, beweist gerade dadurch, dass sie keinen Zugang zum Gottgrund des Seins hat, dass sie ein Produkt der modernen Lebensangst ist. Wer nicht im Lebensgrund gründet, fühlt die Wurzellosigkeit seines Daseins, fühlt, dass er kein Existenzfundament hat — und fürchtet sich mit Recht.

Angst ist ein Gefühl des Beengtseins, des Eingeengtwerdens von Kräften und Mächten, die in, ausser oder über einem stehen. Angst legt sich immer auf das «Herz», weil sich der Mensch der Kluft bewusst wird, die sich in ihm selbst zwischen seinem innersten Bereich und seinem übrigen leiblich-seelischen Gefüge aufgetan hat und er keine Brücke über diese abgrundtiefe Kluft findet. Die Angst gebiert die Furcht, den aus diesem Abgrund aufsteigenden Kräften und Gewalten ausgeliefert zu sein. Und die Furcht vor diesen magischen Gewalten steigert wiederum die Angst und führt den Menschen in die Verzweiflung. Aus dem Dschungel des Unterbewussten und Unbewussten springt dann das wilde Getier hervor, um einen zu zerreissen, schlängeln sich die kalten Nattern heran, um einen zu erwürgen oder zu vergiften; von allen Seiten droht Gefahr, auch von unten — denn man kann plötzlich versinken — und von oben — Raubvögel können auf einen herabstossen.

Angst und Furcht überfallen jeden, der — bildlich gesprochen — nicht «auf dem Wege» bleibt, der sich vom Tao, vom Gottweg seines Lebens, entfernt, der eigenwillige Pfade geht. Angst und Furcht umklammern den eigenwilligen Menschen Tag und Nacht. Sie sind die grossen Warnungsschilder des Lebens, dass man mit seinem Leben nicht auf dem rechten Wege ist.

«Wer aus seines Ursprungs Fülle lebt, der gleicht dem neugeborenen Kind: Giftige Nattern beissen es nicht, Raubvogels Fänge erstossen es nicht» (55, 1—2).

Die Tiefenpsychologie hat uns die Augen dafür geöffnet, warum die Menschen ihre Aengste bildhaft mit der Schlange, mit den Raubtieren und Raubvögeln verkoppeln. In der Schlange verbildlicht sich die Angst vor dem Würgenden, Kalten, Rücksichtslosen, Elementarischen, rational nicht Fassbaren, die Angst vor der Wahrheit und der Wirklichkeit, die man nicht anfassen, auf die man nicht eingehen will, die

Angst vor dem geheimnisvoll Unergründlichen, aus dem die Schlange hervorkriecht. Im wilden Getier, in den Hunden, Wölfen, Löwen und Tigern, die einen zerreissen wollen, aber manifestiert sich eine andere Angst: die Angst vor der Kraft der Natur, vor der unheimlichen Stärke der Naturtriebe, vor dem Leibhaften, vor dem Tierhaften im Menschen, vor dem heissen Blut, vor allem Brünstigen, das mit der Zeugung verbunden ist, vor dem schöpferischen Chaos. In den herabstossenden Raubvögeln aber gewinnt die Angst Bild, dass ein blindwütendes Schicksal einen plötzlich ergreife, dass magische Mächte und Besessenheiten plötzlich über einen kommen.

Lao-Tse war kein moderner Tiefenpsychologe, aber er war ein Mensch, der wirklich noch um alle magisch-geistigen Zusammenhänge des Lebens wusste; für ihn war das Tier nicht bloss Tier, das Tal nicht bloss Tal, der Mensch nicht bloss Mensch. Alle die «zehntausend Dinge», alles Gestaltete war ihm — wie Buddha — ein geistiges Energiefeld, auf das Tausende von Kräften einwirken und das selbst auch wieder auf alles andere einwirkt. Darum vermag er gerade mit solchen Bildern aus unmittelbarer innerer Erfahrung heraus in völliger Uebereinstimmung mit unsern Erkenntnissen auf Wesentliches auch für die Durchbildung all unserer unterbewussten seelischen Schichten hinzuweisen. Darum aber vermag er, wiederum in Uebereinstimmung mit unsern abendländischen Erkenntnissen, auch zu sagen, dass der «ursprüngliche», der aus seiner Seele Ursprung, der aus seinem Te und der aus Tao lebende Mensch keine Angst und Furcht kennt. Im Unergründlichen selbst wurzelnd, gibt es für ihn kein «Unergründliches», das ihm Angst einflössen könnte. Nicht an seinem Leben hängend, braucht er für sein Leben nicht zu fürchten. «Darum ist der weiser, der nicht am Leben hängt, als der, der am Leben haftet» (75, 4).

Das 50. Kapitel, das vielen — auch auf Grund der unzulänglichen Uebersetzungen — so unverständlich erscheint, schildert uns nun drei Typen solcher angsterfüllter und am Leben haftender Menschen. Lao-Tse greift eine Gruppe von zehn Menschen heraus, und er sagt von ihnen: drei halten es mit dem Leben, drei mit dem Tode und drei merken nicht, dass sie es mit dem Tode halten, weil sie sich an das Leben wegwerfen. Warum glauben die einen, alle Seligkeit in diesem Leben finden zu müssen; warum ist den andern der Tod das erstrebenswerte Lebensziel und erwarten sie alles von einem Leben nach dem Tode; warum sind die Menschen so oberflächlich und erkennen die enge Verflochtenheit des Lebens mit dem Tode nicht? «Weil jeder auf seine Weise des Lebens Erfüllung sucht» (50, 6), weil jeder glaubt, dass ihm nur Lebenserfüllung werden kann, wenn er seinen eigenwilligen Auffassungen vom Wesen des Lebens folgt. Alle neun haften an ihrem individuellen Leben und an ihrer subjektiven Lebensauffassung und kommen nicht von sich los, nicht merkend, dass sie von der Angst um ihre Existenz gejagt werden und zwischen Frömmelei und Oberflächlichkeit hin und her pendeln. «Ich aber hörte, dass der Weise, um das wirkliche Geheimnis des Lebens wissend, auf seiner Wanderschaft nicht Nashorn noch Tiger fürchtet und durch kämpfende Heere ohne Waffen und Rüstung schreitet. Das Nashorn fände keinen Angriffspunkt für sein Horn, der Tiger keinen für seine Tatzen, die Feinde keinen für ihre Schwerter. Warum? Weil er unantastbar ist, weil es für ihn keinen Tod gibt» (50, 7—9).

Diese «Unantastbarkeit», diese wirkliche Unbekümmertheit um das eigene Schicksal, um das eigene Leben und um die eigene Seligkeit ist die Frucht eines tiefen Vertrauens in die schaffenden Mächte des Lebens, in das Unergründliche selbst. Der dem göttlichen Leben vertrauende Mensch ist der furchtlose und angstfreie, von aussen und innen unantastbare Mensch. Er weiss, dass das Leben mehr ist als die individuellen Gestalten, in denen es sich offenbart, mehr ist als das, was ein kleingläubiger Mensch glaubt wichtig nehmen zu müssen. Daher kann er auch nicht bei sich selbst stehen bleiben, sich selbst nicht wichtig nehmen (24, 5) und haftet weder an seinem Leben noch an seinem Tod, weder an seinem Schicksal noch an seiner Seligkeit. «Wer so erleuchtet zu des Lichtes Ursprung zurückkehrt, den trifft kein

Untergang... der ist unsterblich» (52, 9—10), der «sieht in seinem Untergang einmal keine Gefahr» (52, 4).

Rechte Menschenführung verbindet den Menschen wieder mit dem Unergründlichen und befreit ihn dadurch von jeglicher Angst. Wer aber Angst züchtet, beweist, dass er selbst von der Angst getrieben wird, und wäre es ein Staatsmann oder ein Priester. Ein Tor, der da glaubt, seine Macht auf der Angst der Menschen aufbauen zu können. Die Geister, die er beschwört, wird er selbst nicht mehr los. Nur der furchtlose Mensch findet seine innere Freiheit und Unabhängigkeit und hat die Kraft, sich auch seine Freiheit zu bewahren. Er ist, wie Kapitel 13 zeigt, weder auf Gnade noch auf Ehre angewiesen; er braucht nicht zu bangen, ob er Gnade findet und ob ihm Gnade bleibt; er bedarf keiner Ehre und keiner Ehrungen, denn dies braucht nur der ichgebundene Mensch. Ihn kümmert nicht, wie er von andern bewertet wird (41, 5—11). Er hat seine sittliche Unabhängigkeit gefunden. Er wurde ein Freier schlechthin und kann darum jedem mit der grossen Unvoreingenommenheit des Herzens begegnen, jedem Vertrauen und Güte entgegenbringen. Dies aber ist der Schlüssel zu jeder Menschenführung, der wirkliche Erziehung und echte Bildung erwirkt. Solch innere Unabhängigkeit gibt auch den Freimut, sich selbst aus kaiserlichen Diensten zu lösen, wie es Lao-Tse tat, und auf alles zu verzichten, was die Masse schätzt (20). Erziehung zu sittlicher Unabhängigkeit ist das Kennzeichen jeder Erziehung, die aus der Uebereinstimmung mit den grossen Lebensordnungen wirkt.

So führt der Weg Lao-Tses in die grosse innere Freiheit. Der Weise bedarf keinerlei philosophischer, ethischer oder religiöser Stützen, er bedarf keinerlei Begründungen mehr für sein Leben, denn er ist im Unergründlichen selbst gegründet. Er ist auch frei von seiner Freiheit, weil er jederzeit allem und allen zu dienen bereit ist und ihn die Frage der Freiheit oder Unfreiheit nicht mehr berührt. Seine Freiheit im einzelnen wächst aus seinem Dienst am Ganzen. Es ist einer in dem Mass Herr, als er dient (34, 5—9).

Der innere Zusammenhang aller Führungsregeln ist offensichtlich. Es wäre noch viel zu sagen; doch das sei der Entdeckerfreude des besinnlichen Lesers überlassen. Lao-Tses Tao-Te-King, aus dem Unergründlichen geschöpft, ist selbst unergründlich.

IX. Lao-Tse und sein Werk

Wir finden bei Lao-Tse nichts von einem persönlichen Gott, der die Welt schuf und regiert, nichts von einer unpersönlichen Gottheit im Sinn der abendländischen Mystiker als Inbegriff alles Wesentlichen. Das «Unergründliche» ist fern aller Bestimmbarkeit, ist schlechthin ein «Nichts» für jede Erkenntnis, ein letztes Geheimnis. Und es bleibt ein Geheimnis. Die abendländische Theologie, selbst wo sie am tiefgründigsten ist, spricht dennoch darüber, Lao-Tse schweigt. Das Abendland zerreisst sich in Kreuz- und Religionskriegen, lebt auch in unserer Gegenwart noch im Konfessionshader, und die Sturmflut des Atheismus brandet nicht nur von Osten her, sondern aus den Völkern selbst heraus durch die Länder. Lao-Tse spricht ein einziges Mal von Religion, und dieses eine Mal ist ein Seufzer: «Wenn doch die Menschen nicht so heilig sein wollten — eine Gemeinschaft würde hundertfach gesegnet werden!» Er fordert kein Bekenntnis, gibt keine Glaubenslehren und missioniert nicht, aber er fühlt sich dem Unergründlichen verbunden, weiss sich mit ihm eins, und er findet es in sich, in allem Lebendigen, allem Seienden, allem Nichtseienden, ist ergriffen von seiner Majestät, in der es schweigend allem dient und schweigend über alle religiösen und philosophischen Vorstellungen der Menschen hinwegschreitet und sich nur dem Schweigenden durch alles offenbart. Lao-Tse droht mit keiner Hölle, lockt mit keinem Himmel, verspricht keine Unsterblichkeit, kein Fortleben nach dem Tode und lebt doch zugleich als einer, der sich nicht um sein Heil sorgt, der nicht an seiner individuellen Gestalt haftet, der den Tod nicht fürchtet, in kindhaftem Vertrauen am Herzen der Weltenmutter. Er ist kein Busspfediger und zeigt doch zugleich, dass alles eigensüchtige und eigenwillige Wirken des Menschen unwürdig ist; gelassen stellt er fest, dass solches Tun sich selbst richtet, dass alles, was wider die hohen Lebensordnungen verstösst, sich selbst vernichtet. Auch Schuld ist ihm kein Problem, sondern etwas, was man auf sich zu nehmen hat und was sich dem Dienenden von selbst auferlegt, und was er auch zu tragen vermag. Er ist kein Tugendapostel, sondern zeigt, dass der lebensgehorsame Mensch tugendlos lebt und doch zugleich alle Tugenden erfüllt. Er entwertet die höchsten Formen der abendländischen Ethik, Liebe und Gerechtigkeit, weil ihm das Leben mehr ist als nur der Mensch, und ihm jede Isolierung des Menschen, auch auf dem religiösen und ethischen Gebiet, Ausdruck menschlichen Hochmutes ist. Er gibt keinerlei Hinweise für einen geistigen und kulturellen Fortschritt der Menschheit, predigt keinen Kulturoptimismus, sondern spricht nur von einem stillen Vertrauen in den ewigen Kreislauf des Werdens und weiss, dass sich immer nur in wenigen Einzelnen das Hochbild vom Menschen verwirklicht. Er erwartet nichts vom Staat, nichts von einer politischen oder sonstigen Organisation; er geht nur wie ein Diogenes mit seiner Lampe unter die Menschen, um die Wenigen zu suchen, in denen das höchste Bild vom Menschen aufleuchtet, in denen der ewig wirkende Schöpfungswille des Lebens sich zu seiner vollkommensten Erdgestalt verwirklichen kann. Er verdammt die allgemeine Verstandesbildung, jede Schulpolitik, die nur oberflächliches Wissen vermittelt, befriedigt mit seinem Tao-Te-King weder den Philosophen, der vergeblich nach einem metaphysischen System bei ihm suchen würde, noch den mystischen Schwärmer, denn alle seine Sätze sind frei von Pathos, frei von Phantasien. Vielleicht sagte und meinte er viel weniger als wir zu sehen glauben; vielleicht sagte er viel Tieferes, als wir es zu erfassen vermögen. Doch in jedem Fall ist die Keimkraft seiner Gedanken so gross, dass diese aus den tieften seelischen Schichten aufgestiegen sein müssen.

Ein deutscher Sinologe hat die Lehre Lao-Tses als «anarchisch und destruktiv» bezeichnet. Von der Warte der abendländischen Philosophie, Religion, Ethik und Wissenschaft aus hat er recht. Eine Lehre, die so sehr von den allgemein üblichen Vorstellungen abweicht, die so wenig Wert auf philosophische Systematik, auf theologische Klarheit, auf allgemeinverbindliche sittliche Gebote, auf Machtpolitik, auf künstlerische Erbauung und rein verstandesmässige wissenschaftliche Forschung legt, muss, an den sogenannten Kulturwerten des Abendlandes gemessen, als anarchistisch bezeichnet werden und destruktiv, d. h. zerstörend und umstürzlerisch, wirken.

Es ist durchaus so: Lao-Tses Tao-Te-King ist das Buch der unangenehmen Wahrheiten. Das war und ist es schon für die Chinesen, die sich weit lieber dem praktischen Moralisten Confucius oder den taoistischen Priesterphantasten, lieber einem völlig veräusserlichten Buddhismus oder irgend einem rationalen Philosophen anschlossen als sich der «grossobersten Majestät des dunklen Urgrundes» anzuvertrauen. Der Abendländer aber möchte die ihm unangenehmen Wahrheiten gern mit der Bemerkung einer lebensfremden Mystik abschütteln.

Es ist eine unangenehme Wahrheit, dass der Mensch nichts Besonderes sein soll, sondern auch nur zu den «Zehntausend Dingen» gehört, wie alles übrige im Sein; dass sein Verstand ihn aus der Ursprünglichkeit des Lebens gelöst habe; dass der innere Gehorsam gegenüber den Lebensgesetzen wichtiger sei als alles Wollen und Wirken, als alles Streben nach Fortschritt und Erkenntnis; dass der Mensch nach seiner Menschlichkeit zu bewerten ist, und nicht nach seinem Herkommen, seinem Beruf, seiner Stellung, seinen Strebungen; dass er nur soviel wert ist, als er selbstlos dient. Es ist unangenehm, dass die grossen Wahrheiten des Lebens so einfach sein sollen, dass man keine Philosophie und keine Religion braucht und dennoch ein klarer und frommer Mensch sein kann; dass das Leben souverän auch über die Menschen hinwegschreitet, wenn sie sich den Lebensordnungen nicht einfügen. Lao-Tse zerstört mit ruhiger Ueberlegenheit und feiner Ironie jedes Bild vom Menschen, das Eigenwille und Eigensucht sich zu ihrer Rechtfertigung geformt haben und immer noch formen. Nicht Menschenverachtung, Resignation und lebensfremder Pessimismus führten ihn zu solcher Haltung, sondern die stille Einsicht in die grossen Wirkungszusammenhänge alles Lebendigen und die Einsicht in die selbstordnenden Kräfte des Kosmos. Er weiss, dass die Welt nicht von den Wirkenden, sondern von den «Stillen im Lande», den Schweigenden und Dienenden zusammengehalten wird; die eigenwillig Wirkenden unter den Menschen sind die Zerstörer, durch die Schweigenden und wahrhaft Lebensoffenen vermögen die ordnenden Kräfte des Lebens wieder das Gleichgewicht zu schaffen. Es ist eine unangenehme Wahrheit, dass alle Führung von aussen und oben her versagen muss, dass nur die Führung von innen her wahrhaft hilft, dass durch Nichtwirken nichts ungetan bleibt, dass ein Mensch ohne Religion wahrhaft fromm, ohne Wertetafeln über die Tugenden und Laster wahrhaft sittlich, ohne grosses Wissen wahrhaft gebildet sein kann. Es ist eine unangenehme Wahrheit, dass kein lieber Gott und weder die Liebe noch die Gerechtigkeit die Welt regieren, sondern ein immanenter Ordnungswille sowohl im Biologischen wie im Seelisch-Geistigen wirksam ist; unangenehm, dass man nur in dem Masse innerlich frei ist, als man selbstlos dient, dass der Mensch von Furcht und Angst frei werden kann ohne priesterliche Hilfe. «Wahre Worte schmeicheln nicht» (sagt 81, 1), und doch ist das Wahre nicht nur «einfach zu verstehen», sondern auch «leicht zu befolgen»; freilich «keiner hört es und niemand befolgt es» (70, 1).

Lao-Tse sagt alle diese Wahrheiten, deren Wahrheitskern wissenschaftlich nur von der modernen Tiefenpsychologie erkannt und voll gewertet wird, ohne zu eifern, gütig und schlicht. Er will ja auch kein Aristokrat des Geistes sein, sondern nur ein bescheidener Diener am Lebendigen. Er denkt um des Lebens willen und lebt nicht um des Denkens willen. Darum wurden seine Erkenntnisse zu geistigen Wirklichkeiten, die, wie alles Echte, zeitlos in den Menschen und Völkern wirksam sein können. Sie wollen keine Dogmen sein, nur schlichte Hinweise auf all das, was er vom tiefsten Wesen des Menschen zu ergründen vermochte. Darum finden auch die Menschen zu ihm, die um das tiefste

Wesen des Menschen ringen müssen (70, 4). Gerade weil seine Worte nur Hinweise sein wollen auf das Gemeinte, auf die Bildekräfte ewig schöpferisch wirkenden Lebens, vermögen sie diese in uns zu lösen, uns den Adel des Menschseins und den Adel des Lebens zu offenbaren und den Weg zum Unergründlichen sichtbar zu machen. Es ist nicht im Sinn Lao-Tses, ein Idealbild zu entwerfen oder seine Auffassungen als verbindlich zu betrachten. Es geht nicht um Lao-Tse und nicht um sein Werk; dieses bedarf keiner Rechtfertigung und keiner Hilfe, und doch ist der Geist dieses Werkes wie ein Ferment, durch das sich in uns selbst das Menschliche zu kristallisieren vermag. Sein Licht leuchtet von ferne dem Abendland, als wolle es seinen Staatsmännern und Philosophen, seinen Männern und Frauen nur das eine sagen: «Herzgewirktes Tun wirkt Frieden.»

ERGÄNZENDES SCHRIFTTUM

**BHAGAVAD GITA — Das Hohelied der Tat —
Der Sang des Erhabenen**
Vollständige Ausgabe, neu bearbeitet und erläutert von K. O. Schmidt

Ein Führer zur Selbstvollendung

und Unvergänglichkeitsgewißheit ist die **BHAGAVAD GITA,** der Sang des Erhabenen, das **Hohelied der Tat,** in dem das lichte Weistum Altindiens seine edelste Kristallisation gefunden hat. Nächst der Bibel gibt es kein Buch, das in der ganzen Welt so angesehen und verbreitet ist wie die Bhagavad Gita, die Millionen Menschen als oberste Richtschnur ihres täglichen Lebens gedient hat, ihnen Trost und Kraft, inneren Halt, und das Gewißsein der hilfreichen Gegenwart des Ewigen gab und heute weiterhin gibt.

K. O. Schmidt: **Meister Eckeharts Weg
zum kosmischen Bewußtsein**
Ein Brevier praktischer Mystik

Was Kosmisches Bewußtsein bedeutet und wie man dazu gelangt, hat am deutlichsten der größte Mystiker des Abendlandes, Meister Eckehart, aufgezeigt. Er kam als einer der ersten universalen Geister der Christenheit mit der Weisheit des Ostens in Berührung und erkannte, daß der Weg der östlichen wie der westlichen Mystiker über die gleichen Stufen zum gleichen Hochziel führt: zum Einssein mit dem Ewigen.

TAO-TEH-KING
von K. O. Schmidt

Der TAO-TEH-KING, der neben der Bibel, der Bhagavad Gita, den Veden und Upanishaden zu den heiligen Schriften der Menschheit zählt, birgt auf knappstem Raum eine überwältigende Fülle von Erkenntnissen und Weisheiten.

Gesamtprospekt mit ca. 120 Werken erhalten Sie vom

Drei Eichen Verlag · Postfach 60 03 51 · D-8000 München 60